ÉTUDES HISTORIQUES

SUR LA RÉFORME A CORBEIL ET AUX ENVIRONS

AU XVIe SIÈCLE

ÉTUDES HISTORIQUES

SUR

LA RÉFORME A CORBEIL

ET AUX ENVIRONS, AU XVIe SIÈCLE

Par J. PANNIER

PARIS
ALPHONSE PICARD ET FILS, ÉDITEURS
LIBRAIRES DES ARCHIVES NATIONALES ET DE LA SOCIÉTÉ DE L'ÉCOLE DES CHARTES
Rue Bonaparte, 82
—
MDCCCC

INTRODUCTION

Il est très difficile de réunir des renseignements précis sur les origines de la Réforme dans les régions de l'Ile de France (Brie française, Hurepoix, Beauce gâtinaise) qui forment à peu près, aujourd'hui, les arrondissements de Corbeil et d'Étampes. En temps de persécution la proximité de la capitale rendait la répression particulièrement prompte et redoutable, et la disparition ou la destruction presque complète des documents originaux, privés ou publics, s'explique peut-être de la même manière.

D'autre part ce même voisinage de Paris, et celui de la Brie champenoise, berceau de la Réforme française, devaient nécessairement entraîner de bonne heure quelques habitants des contrées environnantes dans le mouvement des idées nouvelles (1).

On sait, que Lefèvre d'Étaples, le traducteur de la Bible en français, exposait à *Meaux* la doctrine de la justification par la foi d'après l'épître aux Romains, dès 1512, cinq ans avant que Luther se séparât de l'Église romaine, fait qui suffirait à lui seul pour démontrer le caractère foncièrement français de la Réforme en France à ceux qui prétendent y voir une importation étrangère. En 1524 l'ère des persécutions s'ouvre par la condamnation de Jean Leclerc, cardeur de laine, « fustigé et flestri au front » à Meaux (2). Il nous est raconté à propos de la Thiérache que la Réforme y fut

---

(1) Baron F. de Schickler, *Encyclopédie des sciences religieuses*, t. VI, p. 56, v°. FRANCE PROTESTANTE (géographie de la). — O. Douen, *ibid.*, t. VI, p. 468, v° ILE DE FRANCE.

(2) Crespin, *Histoire des martyrs*, édition de 1597, fol. 86, verso. Cf. N. Weiss, *Bull. hist. prot.*, 1894, p. 254.

apportée par des journaliers qui étaient allés « faire la moisson en France », du côté de Meaux (1). Le comté de Corbeil se trouvait en contact encore beaucoup plus immédiat avec la Brie ; son histoire religieuse fut sans doute alors analogue à celle de la Thiérache, sur de moindres proportions. Des journaliers, des artisans, rentrant dans leurs familles, des marchands allant de Meaux à Étampes et Orléans, passaient par Corbeil, dont le pont fut jusqu'au XIXe siècle le seul existant sur la Seine entre Melun et Charenton. Les voyageurs s'arrêtaient, sur la place du Marché, à l'antique auberge « où souloit pendre pour enseigne la Coupe d'or », près des églises Saint-Guenault, Notre-Dame, et Saint-Spire. Cette dernière, la seule qui subsiste aujourd'hui, rappelle la dévotion particulière des habitants pour les reliques de Saint Spire (Sanctus Exuperius) apportées au Xe siècle du château voisin de Palluau, près Ballancourt. Précisément à l'époque qui nous occupe, les habitants de cette localité firent confirmer par arrêt du Parlement de Paris en date du 23 avril 1529 leurs privilèges relatifs au port de la châsse du saint, lors de la procession annuelle au lieu dit le Tremblay. En 1519 le roi François Ier, ainsi que sa mère Louise de Savoie, et la reine Claude de France, étaient au nombre des pèlerins (2).

Sur la place du Marché était aussi le prieuré de Saint-Jean de l'Ermitage, ainsi nommé pour le distinguer d'un autre prieuré sur l'Essonne : Saint-Jean en l'Isle. Le dernier prieur cité par l'abbé Le Beuf est, en 1530, Mathurin Charpentier.

Corbeil, quoique fort petite et peu peuplée, dans cette première moitié du XVIe siècle, était donc importante cependant, comme lieu de passage, de marché, de pèlerinage. Surveillée par le château fort royal élevé au confluent de la Seine et de l'Essonne, et habitée par d'assez nombreux prêtres, religieux, et confrères de Saint-Spire, la ville, souvent traversée sans doute, comme nous

(1) Douen, *les Églises réformées du dép. de l'Aisne*, 1860, p. 7.
(2) Cf. l'abbé Lebeuf, *Hist. de la ville et de tout le diocèse de Paris*. De la Barre, *Antiquités de la ville, Comté et Châtelenie de Corbeil*. Voir surtout les intéressants articles publiés par M. A. Dufour, secrétaire de la Société historique et archéologique de Corbeil, dans le *Bulletin* de 1895 et 1896 : *Saint Spire à Ballencourt et à Corbeil*, avec une gravure de 1789 représentant la procession au bord de la Seine avec le bateau dit *Corbillard;* et *Un quartier de Corbeil*, avec une reproduction du plus ancien plan connu (*les plans et profils de toutes les principales villes*, par N. Tassin, Paris, 1634).

venons de le dire, par les premiers huguenots, hésita longtemps à accepter leurs doctrines (1). Néanmoins ils ont dû laisser ici de bonne heure, et plus facilement encore dans les bourgs et villages voisins, leurs « livrets », l'*Institution chrétienne* de Calvin (1535), la Bible traduite à nouveau par Olivétan, les psaumes mis en vers français par Clément Marot et qu'on chantait à la veillée.

Ainsi s'explique l'existence de protestants parmi le peuple et la petite bourgeoisie.

D'autres ont plutôt connu la Réforme non par des gens de Meaux et autres voyageurs, mais à Paris même : dans le clergé et la noblesse nous trouvons plusieurs titulaires d'abbayes et possesseurs de châteaux situés en Ile de France, qui résidaient rarement sur leurs terres, mais qui, inclinant ouvertement vers la Réforme, ont pu, par ce seul fait, encourager l'adhésion de leurs tenanciers ruraux.

Ces données générales une fois établies, nous allons citer les premiers protestants que nous connaissons d'une manière certaine et avec quelque détail dans notre région. Trois d'entre eux portent des noms illustrés dans l'histoire de France, soit au XVIe siècle, par eux-mêmes (*Bèze*) ou par leur famille (*Budé*), soit plus tard, au XVIIIe siècle, par leurs descendants (*Rousseau*).

---

(1) Corbeil figure sur une liste des lieux où furent rendus des sentences d'excommunication et des arrêts contre divers animaux : « 1466, une truie, Corbeil » (Berriat-Saint-Prix, *Mémoires de la Société des Antiquaires*, 1829, t. VIII, p. 448).

CHAPITRE PREMIER

Les réfugiés à Genève en 1548-1549

§ 1. — Théodore de Bèze, prieur de Longjumeau

Théodore de Bèze, né à Vézelay en 1519, d'une famille de petite noblesse bourguignonne, étudia le droit à l'Université d'Orléans, où l'un de ses professeurs, Melchior Wolmar, lui fit connaître les doctrines évangéliques ; puis il revint en 1539 à Paris, où, enfant, il avait vécu près d'un de ses oncles, *Nicolas de Bèze*, lequel était, d'après des lettres royales (1), « conseillier en nostre court de Parlement de Paris, que plusieurs personnages de nostre royaulme ont cogneu homme docte, de science, bonne vie et conversation, qui a faict à nos predecesseurs et à nostre dicte chose publicque plusieurs bons et louables services ». Or nous trouvons en 1522 comme prieur commendataire de Saint-Éloi, près de Longjumeau, *Nicole de Bèze*, et, en 1544, un autre membre de la famille, jusqu'à présent inconnu, *Audibert de Bèze* (2), enfin *Théodore de Bèze* (3). Nicolas était mort en 1532 (4). Avait-il transmis direc-

---

(1) Lettres du roi Henri II établissant la noblesse de la famille de Bèze, à la requête de Pierre de Bèze (1551), présentées par Th. de Bèze en 1576 au conseil de Genève. Papiers Tronchin de Lavigny, cités par Baum, *Th. Beza*, 1843, t. I, p. 5, n. 3.

(2) Communication de M. l'abbé Géhin, curé de Chilly-Mazarin. Le prieur commendataire était un ecclésiastique séculier ou un laïque nommé à un bénéfice pour jouir des revenus, en totalité ou en partie.

(3) *France protestante*, 2ᵉ édit., t. II, col. 504, art. Bèze. Il n'est pas question d'Audibert de Bèze, qu'il ne faut pas confondre avec l'ami nommé Audebertus dans les poèmes de Théodore de Bèze (probablement l'Orléanais Germain Audebert).

(4) *Ibidem*. Voir son épitaphe dans les *Poemata Bezæ*, 2ᵉ éd., s. l. n. d., p. 26.

THEODORE DE BEZE.

D'après la 1re édit. des *Poemata* 1598.

tement ce bénéfice à Audibert, qui, peu après, était « receveur de la nation de Bourgongne en l'Université d'Orléans »? (1) En tout cas il y eut un intervalle entre celui-ci et Théodore, car « en 1546 le prieur était Noel Jacqueson, chanoine du diocèse de Châlons, qui démissionna et fut remplacé par Théodore de Bèze (2) ».

C'est ainsi que ce « grand esprit, éloquent et chaleureux (3) », le futur pasteur et conseiller des princes huguenots, commença par être prieur de Longjumeau. Il reçut ce bénéfice, ainsi que celui de Villeselve dans le diocèse de Beauvais, non par des démarches personnelles, mais grâce à la protection d'un autre de ses oncles, *Claude de Bèze*, abbé de Notre Dame de Froidmont (4), « homme de religion, vertu, doctrine et bonne vie » (5).

Nous n'avons pas d'indice que Théodore de Bèze ait séjourné dans son prieuré, aux bords de l'Yvette, entre Chilly et Longjumeau (6). Cependant si quelques-uns de ses poèmes latins de cette époque paraissent avoir été composés à Paris, d'autres, où il est question des affluents de la Seine, des vallées et des bois proches de la capitale, ont pu être inspirés par des promenades dans notre région.

Bèze, n'étant que prieur *commendataire*, comme ses prédécesseurs, n'avait point, en fait, à exercer de fonctions ecclésiastiques ; il n'en aurait d'ailleurs pas eu le droit, n'ayant pas reçu les ordres. Il le

---

(1) On peut en effet identifier Audibert avec *Aubert de Bèze* qualifié « nagueres recepveur etc. » dans des lettres obligatoires du 12 février 1535 en vertu desquelles, le 22 octobre 1538, Nicolas Pasquier, sergent royal ès bailliage d'Orléans, saisit chez le bedeau divers objets appartenant à la nation de Bourgogne « pour avoir par led. de Besze payement de la somme de cinquante livres tournois faisant partie de plusieurs grandes sommes à luy deue (*sic*) par la communauté des escolliers supposz de lad. nation ».

Le dossier de cette affaire, encore inédit, se trouve aux archives de la préfecture du Loiret. Il montre le peu de créance que mérite Florimond de Raemond (*Hist. de la naiss. etc. de l'hérésie*, 1605, l. VII) confondant Théodore avec Aubert, et une saisie avec un vol, lorsqu'il prétend que Théodore fut condamné « à restituer les calices et ornemens de la nation de Bourgongne, dont il avoit esté procureur ». (D'après une communication de M. le pasteur P. de Félice).

(2) H. Bezault, *Le Prieuré de S. Éloi*, Corbeil, 1889, p. 15.

(3) Michelet, *Hist. de France au XVIe s.*, t. IX, p. 255.

(4) Abbaye de l'ordre de Citeaux, au diocèse de Beauvais, dépendant de l'abbaye d'Ourscamp (*Gallia Christiana*, t. IV, p. 442).

(5) Lettres de noblesse citées ci-dessus.

(6) Il ne reste actuellement du prieuré de S. Éloi qu'un petit oratoire servant d'orangerie (communication de M. l'abbé Géhin).

dit lui-même dans le récit d'un acte par lequel il affirmait sa résolution de rompre avec l'Église catholique romaine, malgré les supplications de sa famille : ses fiançailles avec Claudine Denosse. « Je lui fis, en présence de deux amis, la promesse formelle que je n'entrerais jamais dans les ordres papistes ». Ils ne se marièrent pas avant quelque temps, « parce que, dit-il, je ne pouvais me passer de cet infernal argent qui me provenait de mes bénéfices ecclésiastiques... Comme j'étais un jeune homme encore, sans grandes ressources, on m'avait donné la charge de deux gros et riches bénéfices, alors que j'étais d'ailleurs, je l'atteste en toute sincérité, absolument ignorant de ces choses et absent. Les revenus de ces bénéfices atteignaient bon an mal an 700 couronnes d'or (1) ».

Cependant cette situation fausse pesait à Th. de Bèze. En décembre 1547 le chapitre de Vézelay est saisi par lui d'une requête à l'effet de pouvoir « céder, résigner ou abandonner le prieuré de Villeselve ». L'autorisation lui est accordée en avril et juillet 1548 (2). Il avait peut-être fait des démarches analogues pour se dessaisir du prieuré de Saint-Eloi.

Toujours est-il qu'il le vendit « *pour mille ou douze cents écus* » (3), au seigneur de Longjumeau, Michel Gaillard, que nous retrouverons bientôt aussi parmi les chefs du parti huguenot, et qui — cet arrangement avec Bèze permet de le supposer — favorisait déjà la Réforme. On lit dans l'état des fiefs, domaines et seigneuries qui ont appartenu à la maison de Longjumeau : « n° 28, Saint-Eloy, prieuré, acheté en 1548 par Michel III de Longjumeau à Théodore de Bèze ». Mais la vente dut être considérée comme frauduleuse,

---

(1) *Tractationes theologicæ omnes*, 1570, t. I, (2ᵉ éd., 1582). Lettre à Wolmar : « Duobus pinguibus et optimis beneficiis me alioqui macrum adolescentem, et præterea, quod vere testor, istarum rerum prorsus ignarum et absentem onerarant, quarum vectigalia aureos coronatos annuos plus minus septingentos æquabant ». Cf. Baum, *Bèze*, p. 41, et Bayle, *Dictionnaire historique*, art. *Bèze*, remarque B : « Son Abbaye valoit 15000 livres de rente ».

(2) Archives de l'Yonne; fonds de Vézelay. Décisions du chapitre (1530-1612), fol. 284, 285, 287. Cf. F. Molard, *Quand Théodore de Bèze a-t-il rompu avec l'Église romaine ? (Bull.* de la Société de l'hist. du protestantisme français, t. XXXVII [1888], p. 55).

(3) Fl. de Raemond *(loc. cit.)* : « Bèze se cache, vend le droit qu'il avoit en son prieuré à un gentilhomme nommé Gaillard, seigneur de Longjumeau, pour mille ou douze cens écus et quelque autre bénéfice qu'il avoit, bien qu'il eût pris la ferme par avance, et se sauve à Genève, se fesant nommer Thiébaud de May ».

car « elle ne fut pas exécutée, et ce fut *Antoine Grouet,* évêque de Digne, qui succéda » (1), jusqu'en 1552.

Enfin, en cette année 1548, où la persécution sévissait avec acharnement contre les protestants dans le ressort du Parlement de Paris, Théodore de Bèze se déclara ouvertement pour eux, et le nom de Thiébaud ou Thibaut *de May,* sous lequel il se rendit en Suisse, paraît emprunté à l'une des dépendances de son ancien prieure: le terroir du Val de May de Chilly (2). Aussitôt arrivé à Genève, le 23 ou le 24 octobre 1548 (3), auprès de Calvin dont il allait devenir le fidèle lieutenant, Bèze fit célébrer son mariage, puis il revint passer quelque temps en France au commencement de 1549.

Son biographe, M. Baum, supposait que c'était pour affaires de famille (4). Depuis, on a découvert plusieurs arrêts du Parlement de Paris, datant de cette époque (5), « contre maistre Deode de Besze, prieur des prieurés de Villeselve et de Longjumeau et autres ». Le 3 avril la cour ordonne la prise de corps et la confiscation des biens. Bèze ne comparaît pas. Le 6 avril, monitoire spécifiant les chefs d'accusation et demandant, entre autres, aux habitants de Longjumeau, de plus amples renseignements :

« *La Cour, advertie que aulcuns malheureux entachez de la secte luthérienne, ont puis aucun temps en ça délaissé la demeure et inhabitation de ce royaulme tres chrestien au ressort d'icelle Court, et se sont transportez en la ville de Genefve, receptacle des ennemys de la foy chrestienne, et ont prins et receu deniers pour bailler benefices, en cumulant l'heresie symoniacle avec le blaspheme heresie lutherienne, au grand dommaige et scandalle de la republique tres chrestienne,*

A ordonné et ordonne au procureur general du Roy, pour avoir plus facile preuve de ce que dessus, impétrer, obtenir et faire publier à sa requeste des monitoires en termes généraux, tant en ceste ville de Paris ès parroisses de Saint Cosme, de Saint Severin, de Saint Es-

---

(1) H. Bezault, *op. cit.,* p. 11.
(2) En 1271, Yolande, comtesse d'Angoulême, dame de Chailly, donne au prieuré de S. Eloi cinquante-cinq arpents de terre sis audit lieu. Ce Val de May était probablement situé sur la partie sud-ouest de la paroisse de Chilly annexée en 1793 à la commune de Longjumeau, ou sur le territoire de Morangis, au lieudit *le Val.*
(3) *France prot.*, t. II, col. 506.
(4) Baum, *Th. Beza.*
(5) Arch. nat. X²ᵃ 106. Cf. N. Weiss, *Bull. hist. prot.*, t. XXXVII [1888], p. 530.

tienne, de Saint Supplice ès faulxbourgs de Saint Germain des prez, et par affiches et attaches en l'église Nostre Dame de Paris, AU LIEU ET PARROISSE DE LONGJUMEAU, *et au lieu et parroisse de Villeselve, et par attache en l'église de Saint Aignan d'Orléans et es parroisses circonvoysines de ladite église, aux prosnes, contre tous ceulx et celles qui sçavent ce que dessus...*

Et que dedans quatre jours apres la publication dudit monitoire ilz viennent à revelation au curé ou vicaire de la parroisse, etc. »

C'est peut-être à ce moment que se produisit une réclamation d'un fermier de Longjumeau nommé Jean Bourbier; mais le seul récit que nous ayons est trop partial pour que nous en puissions conclure rien de précis, sinon que le réglement des intérêts de Bèze à Longjumeau, à la suite de la vente de son prieuré, traîna en longueur et fut l'objet de fâcheuses contestations (1).

Les documents officiels ne mentionnent aucune révélation faite par des personnes de Longjumeau ni d'ailleurs, en réponse à la demande du Parlement, sur la vente des bénéfices, l'hérésie et le départ de Bèze. Le 31 mai 1550 il fut condamné « à estre brûlé par figure à la place Maubert » (2). Th. de Bèze fut ainsi privé de ses biens patrimoniaux qui étaient assez considérables, et il ne rentra pas en France avant 1560. C'est en 1559 seulement qu'il avait reçu à Genève les droits de bourgeoisie (3). Nous le retrouverons en 1561 au moment du colloque de Poissy, lorsqu'il bénit un grand mariage intéressant notre région.

En même temps que Bèze, s'étaient « retirés » à Genève, le 3 mai 1549, sept autres « gentilshommes ». L'un d'eux était peut-être M. *Denis Saulvage*, déclaré de prise de corps par arrêt du 5 avril

---

(1) Fl. de Raemond, *loc. cit.*: « Jean Bourbier, fermier de Longemeau, fait plainte de ce que Bèze l'avoit trompé, et son fils Robert le fut trouver jusqu'à Genève, dont il revint chargé de belles promesses sans effet, jusqu'à ce que Bèze venant revoir la France, au colloque de Poissy, on amassa quelque argent parmi les bourses de l'Église qui leur fut donné par le ministre Launay, depuis fait catholique, afin de leur clore la bouche et ne scandaliser le ministere ». Nous n'avons retrouvé aucune trace de ce fait dans les diverses histoires du colloque, et le seul témoin cité inspire aussi peu de confiance que celui qui le cite. Ce Launay, ancien prêtre devenu réformé en 1560, puis pasteur à Sedan, fut brûlé en effigie pour cause d'adultère, et rentra dans l'église romaine.

(2) Ce supplice en effigie ne fut pas exécuté, ainsi qu'il résulte des lettres de rémission accordées par le roi Charles X en 1594. (*Bull. hist. prot.*, 1888, p. 536).

(3) *Livre des Bourgeois*, Genève, 1897, p. 263 : « 1559, 17 avril : Spect. Theodore de Beze, de Vézelay en Bourgogne, lecteur et ministre, gratuitement ».

1548 et dont le nom est fréquent en Beauce et Orléanais (1). Quelques-uns des autres habitaient sans doute Longjumeau ou Orléans « et les parroisses circonvoysines » où les monitoires de 1548 furent affichés, mais nous ne connaissons pas leurs noms.

§ 2. — Les Budé, seigneurs d'Yerres, Montgeron etc.

La même année 1549, parmi les centaines de réfugiés amenés à Genève par la persécution, figure une autre famille illustre possédant des biens dans le voisinage de Paris. Guillaume de Budé, le grand helléniste, dont Bèze a dit (2) « qu'il reluisoit comme un soleil entre les estoiles », était seigneur d'Yerres, Montgeron, Villiers-sur-Marne (3). Il mourut en 1540 après avoir, comme beaucoup d'humanistes, hésité entre l'Eglise romaine et la Réforme. Sa veuve, *Roberte Le Lieur* (4), prit ouvertement parti, et se retira à Genève en juin 1549, comme Calvin l'avait engagée à le faire dès 1546. Nous citerons quelques passages de la lettre du réformateur, qui montrent d'une manière impressionnante quelles pensées diverses devaient agir sur l'esprit des réformés français au moment où ils se décidaient à quitter la patrie pour pouvoir professer librement leur foi (5).

« Mademoiselle, combien que j'aye occasion de louer Dieu du bon zèle et de la constance qu'il vous donne, selon que j'ay entendu par le porteur, toutefois pensant que mon exhortation ne vous seroit point superflue, entre tant de diverses tentations et combats, je n'ay pas voulu faillir à vous escrire par luy quelques mots, et surtout pour vous ayder à vous résouldre de la délibération qui vous est encore aulcunement doubteuse. C'est de vous retirer par deça, pour servir à Dieu en repos de conscience. S'il vous estoit possible de vous en acquitter où

---

(1) *Sauvage*, pasteur à Mer en 1582. *Fr. prot.* II, 244 n., et P. de Félice, *Mer*, p. 91.

(2) *Histoire ecclésiastique*, I, 1 (éd. Baum, t. I, p. 6). Cf. une pièce en grec et deux en latin, consacrées à sa mémoire, dans les *Epitaphia* (*Th. Bezæ poemata*, 2ᵉ éd. s. l. n. d. p. 26).

(3) Trois communes de l'arr. de Corbeil. Cf. *France prot.*, 2ᵉ éd., t. III, col. 373, et Galiffe, *Notices généalogiques*, 1836, t. III, p. 84.

(4) A la même famille que Roberte Budé, appartenait sans doute Catherine Le Lieur, épouse de Louis Cappel, *retiré à Genève vers 1547*, puis pasteur et professeur à Sedan (*Bull. hist. prot.*, t. VII, p. 173). La *France protestante* (2ᵉ éd., t. III, col. 738), l'appelle à tort *Le Sieur*.

(5) Bibl. de Genève. Vol. 107. Orig. autog. — Corresp. Calv. n° 869 dans les *Œuvres complètes*, t. XII, p. 452; et *Lettres françaises*, t. I, p. 180.

vous estes, je n'auroys garde de vous donner conseil d'en bouger. Mais je sçay en quelle captivité vous êtes détenue... Quand vous avez bien tasché par dissimulation à vous exempter des périls où vous estes, encore n'est-ce rien faict; car les iniques espient de près, et ne les pourriez jamais contenter qu'en renonceant Dieu du tout. Par quoy vous n'estes en repos du corps non plus que de l'âme... Je sçay que c'est une chose dure que de laisser le pais de sa naissance, principalement à femme ancienne comme vous, et d'estat. Mais nous devons repouiser telles difficultés par meilleures considérations, c'est que nous préférions à nostre païs toute région où Dieu est purement adoré; que nous ne désirions meilleur repos de notre vieillesse que d'habiter en son Église où il repose et faict sa résidence; que nous aymions mieulx d'estre contemptibles en lieu où son nom soit glorifié par nous, que d'estre honorables devant les hommes, en le fraudant de l'honneur qui luy appartient... Vous avez beaucoup d'aydes qui vous ostent l'excuse qu'ont plusieurs aultres. Quand il plaira à Dieu vous conduire, vous ne viendrez pas si desnuée de bien, qu'il n'y ait pour vous sustenter, au lieu que beaucoup de paoures gens n'ont que charge sans provision. Combien y a-t-il de femmes chrestiennes qui sont tenues comme captives par leurs enfants? Or nostre Seigneur vous a faict cest advantaige, que vous aiez des enfants qui non-seulement se présentent à vous delivrez de captivité, mais aussy vous y exhortent ».

En effet lorsqu'en 1549 Roberte de Budé, âgée de 87 ans, arriva à Genève (où elle devait mourir l'année suivante), elle était accompagnée de plusieurs de ses onze enfants (1).

L'aîné des fils, *Dreux*, seigneur de Marly la-Ville, était seul resté catholique avec sa sœur *Isabeau*, religieuse à l'abbaye de Saint Martin d'Yerres en 1562. *Catherine* Budé épousa le seigneur de Claye près Meaux, Jean *Anjorrant*, président au Parlement de Paris, qui figure sur une liste de parlementaires suspects en 1562 (2). *Marguerite* de Budé épousa, peu après son arrivée à Genève, Guillaume *de Trie* ou *Try*, seigneur de Varennes, terre proche de celles de la famille de Budé dans la vallée de l'Yerre (3).

Il y a lieu de penser que Calvin ne fut pas étranger à ce mariage, car il écrivait dès 1546 à Madame de Budé, dans la lettre déjà citée :

---

(1) Lettre de Mélanchthon, *Fr. prot.*
(2) *France prot.*, 1ᵣₑ éd., t. IV, p. 211 a ; 2ᵉ éd., t. I, col. 267 et 379.
(3) Département de Seine-et-Oise, près de Brie-Comte-Robert.

« *Entre les aultres empeschements qu'il semble que vous aviez, il y auroit vostre fille pour ce qu'elle est à marier. Mais tant s'en faut que je la compte pour empeschement, qu'elle vous doibt plus tost servir d'esperon pour vous inciter d'advantaige. J'entens que vous l'aimez non pas seulement de l'amour commun qu'ont les meres, mais d'une affection singulière. Or je vous prye de bien considérer lequel luy vauldra mieulx d'estre là lyée en mariaige pour demeurer en servitude perpétuelle, ou d'estre par vous conduicte en lieu où il luy soit libre de vivre chrestiennement avec son mary. Car il vous fault avoir ceste espérance que Dieu luy adressera party honneste, qui vous sera en consolation comme à elle* » (1).

Le second fils de Guillaume Budé, *Jean*, seigneur de Vérace, diplomate mêlé plus tard à d'importantes négociations, notamment en 1557 avec Th. de Bèze (2), est inscrit le 27 juin 1549 (3) sur le registre des habitants de Genève comme « Noble Jehan Budé, natifz de la ville de Paris, conseillier et maistre des requestes ordinaires de la maison du Roy de France. » Il épousa cette même année (avant ou après son exil?), *Marie*, fille d'un des gentilshommes huguenots de la Beauce, *Rogerin de Jouan*, sieur de Jonvilliers (4).

Outre *Mathieu* Budé, hébraïsant, nous connaissons encore comme protestants les trois derniers frères: *Antoine*, seigneur de la Motte-Saint-Loup, habitant de Genève en 1554; *François*, sieur de Villeneuve (Saint-Georges?), valet de chambre du roi en 1540, et *Louis*, professeur de langues orientales à Genève (5). C'est l'un d'eux qui fut le premier trésorier de la « bourse françoise » de secours aux réfugiés (1550), et plusieurs membres de la famille figurent parmi les plus généreux donateurs mensuels (6). Deux seulement demandèrent les droits de bourgeoisie à Genève, en 1555 (7). Plusieurs de ces personnages paraissent être revenus, dès

(1) Il s'agit évidemment ici de *Marguerite*, mariée en 1550, et non de *Catherine de Budé*, comme le supposait M. J. Bonnet *(Lettres*, t. I, p. 184, note 1).
(2) Corresp. de Calvin, n° 2708. Baum, *Beza*, I, 299.
(3) *France prot.*, t III, col. 373; la date du 27 janvier, donnée par M. Galiffe, *loc. cit.*, paraît due à une lecture erronée.
(4) Commune d'Ecrosnes, Eure-et-Loir, à la frontière de Seine-et-Oise. Cf. *Bull. hist. prot.*, t. XLIV [1895], p. 552, 670.
(5) *France prot.*, 2ᵉ éd., t. III, col. 375.
(6) « Argent receu pour le moys de mars VᶜLI : ...Mons. de Verace, un escu. Moy j'ay miz en la bource, du mien II florins... Madamᵉˡˡᵉ de Jonvillier, un pistolet, IV fl. VI solz » *(France prot.*, t. IV, col. 328).
(7) *Bull. hist. prot.*, 1883, p. 110.

que faire se pouvait, dans notre région: en 1568 « Anjorrant » et l'un de ses beaux-frères, qui signe seulement « Budé », sont à Montargis près de Renée de France, et, dans un certificat adressé au Conseil de Genève, attestent que le pasteur Hénoc a été malade « tousjours despuis les troubles que *nous avons demeuré icy* jusques à ce jourd'huy (6 avril 1568) (1) ».

§ 3. — Didier Rousseau, de Montlhéry

Peu après Théodore de Bèze et la famille de Budé, en 1549, arrive aussi à Genève un homme bien inconnu par lui-même mais intéressant à un double point de vue: il représente une nombreuse catégorie de huguenots de l'Ile de France, ces « paoures gens » proposés en exemple par Calvin à Madame de Budé, « qui n'ont que charge sans provision » et qui, à l'étranger comme en France, devront gagner leur vie au jour le jour: tels, dès 1547, « Jehan le Noyer, filz de feuz Nycolas, de Montmorensy delà Paris, *poctier d'estain*...; M^tre Paquier Formyer, filz de feuz Jehan, de la diocèse de Chatres, *barbier* »; en 1557 « Francoys Bernier, filz de Mathurin, de la Beausse, *vellutier*...; Adam Bavois, filz de Nicolas, de Lorry en Gatinois, *mercier*, etc., (2) ». Celui dont nous allons parler est intéressant aussi comme ancêtre d'un philosophe célèbre. C'est *Didier Rousseau*, quartaieul de Jean-Jacques.

Sur deux registres de Genève on lit en effet:

(Livre des habitants): « *Le 15 octobre 1549. Didier Rosseaux, natifz de Montrichery-lès-Paris en France, marchant, a suplyé, et admis* ».

(Livre des particuliers): « *Mardi 15 octobre 1549. Dedier Rousseau, de Montlechery, lequel a requis luy permectre habiter en ceste cité comme les aultres, et vendre vin; et aussi permectre que puisse mectre une enseigne de la Main, et le libérer comme dessus.*

---

(1) « Le 2 mai, nob. *François* et *Jehan Budé*, frères, filz de feu Guillaume, natifz de Paris. Leur tres sçavant pere est bien cogneu d'ung chaqu'ung. 40 esc 2 s^ts [seillots] ». *Livre des bourgeois*, 1897, p. 242 Cf. p. 250: « 1556, 31 janv.: *Regnaulx Anjorrant*, filz de feu *Loys*, natifz de Paris, 10 esc. 1 s^t ».

(2) *Livre des bourgeois*, p. 233, 257, 259. Cf. p. 246: « 1555, 11 nov. Nycolas de la Fontaine, filz de Jaques, natifz de St Gervais-le-Veuxin françoys près Pontoise a six lieux de Paris, en regard du service qu'il a faict a Monsr Calvin, 8 esc. 1 s^t »;
« *Mathias Le Clerc*, filz d'Olivier, de Rocquencourt au diocèse de Paris, 4 esc. 1 s^t ».

« *Arresté que, en signant sa supplication, qui soit permis de habiter; et quant à la reste, que il soyt advisé si luy doibt estre permis* (1) ».

Le fait qu'il n'y a, dans ces textes, aucune allusion à la femme de Didier Rousseau, me paraît établir, plus certainement que ne le pense le dernier biographe de Jean-Jacques, que le mariage du marchand de Montlhéry fut postérieur à son arrivée à Genève en 1549 et à l'ouverture de sa boutique à l'enseigne de *la Main*.

Un autre document, qui avait échappé à l'érudition de M. Ritter, nous donne la date où, six ans après son arrivée, Didier Rousseau reçut les droits de bourgeoisie. La taxe perçue, assez élevée, semble indiquer qu'il faisait de bonnes affaires. Il paraît, en outre, que Rousseau avait alors joint ou substitué le commerce des livres à celui des vins :

(Livre des bourgeois) (2). « *1555, 22 avril: Dedier Rosseau, filz de feu Anthoyne, de Paris, librayre, 20 esc. 1 s^t* ».

En 1568, en temps de peste, Didier et sa femme Marguerite sont cités devant le lieutenant criminel pour « s'estre tous deux meslés par la ville, et avoir donné à boyre aux paysans, nonobstant qu'ilz eussent une servante malade dès assez longtemps ». Ils sont emprisonnés, puis condamnés à « crier mercy à Dieu et à Messieurs, et à trente escus d'amende ». D'autre part le Consistoire leur interdit la Cène (octobre 1568). Quatre mois plus tard Didier seul requiert d'y être admis de nouveau, ce qui lui est accordé. Marguerite était peut-être morte dès cette époque. En tout cas, en novembre 1569, nous trouvons Rousseau remarié avec *Mie Miège*, mais sans pouvoir dire si elle était compatriote de son mari.

Il y aurait beaucoup d'autres noms à citer, mais les détails nous manquent : par exemple, sur la présence à Genève, en mars 1550, d'un membre d'une des plus illustres maisons de la Beauce (3), « M. de *Brichanteau*, seigneur de Saint-Martin ».

Le 19 novembre 1557 est reçu bourgeois de Genève « Nob. *Jehan de Saint-Martin*, filz de feu Richard de Saint-Martin, en son

---

(1) Eug. Ritter, *Bull. hist. prot.*, XLII [1893], p. 285; XLIV [1895], p. 637.
(2) Edition de Genève, 1897, p. 241.
(3) Ils possédaient les seigneuries de Brichanteau, Linière, Saint Martin-de-Nigelles, Beauvais Nangis etc. Beauvais, commune de Champcueil, est situé au sud de Corbeil.

vivant escuyer, seigneur de Garenes, de Berville en Gatinois (1) ».
Le chef de la famille, Nicolas de Brichanteau, appelé M. de Beauvais, resta toujours catholique et mourut en 1564 (2). En tout cas nous ne savons s'il y avait parenté, et à quel degré, entre l'un ou l'autre de ces personnages et *Pierre Brichanteau* (3), originaire *du Hurepoix*, le premier habitant de cette région dont le nom soit inscrit, en 1559, sur le registre des étudiants à l'académie de Genève : « Petrus Brichantellus d'Urpois » (4).

(1) Les historiens, même la *France prot.* (2ᵉ éd., t. III, col. 125), ont souvent confondu Saint-Martin, dit *le Luthérien*, qui combattit jusqu'au bout sous les ordres de Condé, et Saint-Martin dit *le Huguenot*, qui passa du coté des Guise (*Hist. ecclés.*, VII, 500, éd. Baum, II, p. 594).

(2) *Livre des bourgeois de Genève*, p. 259.

(3) *Mémoires de Condé*, I, p. 197, n. 3 : « Marie *de Veres*, sa mère, dame de Beauvais-Nangis, veuve de Louis, seigneur de Brichanteau, s'était remariée le 26 de mai 1523 avec François d'*Anglure*, baron de Boursault et d'Estanges». S'agirait-il de *Vert-le-Petit*, canton de Corbeil, ou de *Vert-le-Grand*, canton d'Arpajon?

(4) *France prot.*, 2ᵉ éd., t. III, col. 126.

CHAPITRE II

Origine des Églises du sud de l'Ile de France

§ 1. — Première mention de Corbeil (1542).
La Réforme a Montargis, Étampes, etc. (1560).

Nobles ou bourgeois, savants ou marchands, tous ceux que nous avons trouvés jusqu'ici étaient des *individus* isolés : c'est à peine si la famille entière était parfois gagnée à la cause de la Réforme. Et en effet, dans la première moitié du XVIe siècle, il n'y a pas encore trace de véritable *Église* organisée parmi les protestants de Corbeil, du Hurepoix, ni de la Brie française. De la Brie champenoise étaient venus les premiers principes de foi individuelle ; de là vinrent aussi les premiers exemples d'Églises « plantées », c'est-à-dire réunissant un groupe de fidèles autour de la Parole de Dieu, puis « dressées », c'est-à-dire pourvues d'une organisation régulière avec pasteurs, anciens etc.

Quelques-uns de ceux qu'on appelait *christaudins* ou *luthériens de Meaux*, réfugiés à Strasbourg, y virent l'Église organisée par Calvin en 1538. A leur retour, dit l'*Histoire ecclésiastique des Églises réformées au royaume de France*, « ils dressèrent une forme d'Église entr'eux, à l'exemple de celle qu'ils avoient veue, eslisant pour leur ministre, après le jeusne et les prières, un nommé *Pierre le Clerc*, cardeur de laine de son mestier, mais, outre l'intégrité de vie, fort exercé ès Escritures... Et de faict ce personnage fut tellement benist de Dieu en son ministère, preschant et administrant les sacremens en l'assemblée, qu'en peu de temps y accoururent plusieurs des villages, mesmes *de cinq et six lieues à la ronde* ». La persécution reprit en septembre 1546 : « la dispersion fut grande, mais au grand avancement de plusieurs autres Eglises qui furent édifiées des pierres de ceste ruine (1) ». On cite notamment un nommé *Faron Mangin*, comme ayant fait « un grand fruict » à Orléans. Pour s'y rendre, lui et d'autres ont pu passer la Seine à Corbeil.

Le nom de cette ville apparaît pour la première fois, à notre connaissance, sous une plume protestante en 1542; mais c'est dans une description poétique du bon pays de France. Thomas *Malingre*, ancien moine jacobin, qui dès 1527 prêchait, sous sa robe de bure, l'Évangile devant la reine de Navarre à Blois, avait été chassé en 1529 par la persécution et était devenu pasteur à Yverdon au bord du lac de Neuchâtel. Lorsqu'en 1542 Clément Marot se réfugia à son tour en Suisse, Malingre, dont il avait été l'auditeur à Blois, lui souhaita la bienvenue dans une épître en vers. Il feint de chercher quel peut être le motif du départ de son ami et conclut que s'il a quitté la France ce n'est pas pour trouver ailleurs plus de biens matériels :

> Dy moi (Marot) que c'est que tu propose ?
> Veux-tu du vin meilleur que de sarment ?
> Ou manger pain plus sain que de forment ?
> Tu as d'iceux en France l'excellence :
> Ainsi qu'on veoit par claire expérience...
> Bon à Paris, à Banneux et *Corbeil*,
> A Saint-Denis, Suranne et Argentueil... (2).

Dès cette époque, les vignes (et les moulins) de Corbeil étaient célèbres, et nous ne pouvons conclure de ces vers que Malingre les eût vues lui-même, ni, à plus forte raison, qu'il fût venu à Corbeil : cependant la ville pouvait renfermer des huguenots dès avant la persécution des Meldois en 1546.

Fréquents étaient les rapports de Corbeil avec Melun où, dès

---

(1) *Histoire ecclésiastique des Égl. réf. au roy. de Fr.* I, 50 à 52 (édition Baum, t. I, p. 67 à 70). Cf. Crespin, *Histoire des martyrs*, fol. 170, verso.

(2) *L'Epistre de M. Malingre envoyée à Clement Marot, en laquelle est demandée la cause de son département de France, avec la Responce du dit Marot.* Nouvellement imprimé à Basle par Jaq. Estange ce 20 d'octobre 1546. (Réimprimé par Tross, Paris et Harlem, 1870; cf. *Bull. Hist. Prot.* XIX, p. 87).

Notons à titre de curiosité qu'un homonyme, Claude *Malingre*, dont les *Antiquités de la ville de Paris* ont été publiées en 1640, a décrit (liv. IV, p. 145) la procession de S. Spire à Corbeil.

1542, *Charles de Marillac* était titulaire de l'abbaye de Saint-Père et où il devint « un quasi protecteur du protestantisme (1) ».

Toutefois s'il y eut des protestants à Corbeil en 1555 environ, le petit troupeau était de ceux dont Crespin décrit l'existence précaire : « L'un consoloit l'autre comme faire se pouvoit, s'assemblant selon l'opportunité pour faire les prières, sans qu'il y eût proprement autres prescheurs que les martyrs..... Tellement qu'il se peut dire que jusques alors le champ du Christ avoit esté seulement semé, et avoit fructifié par-ci par-là, mais qu'en l'année MDLV, VI et suivantes, l'héritage du Seigneur commença d'être rangé et mis par ordre à bon escient ».

L'établissement d'un consistoire à Meaux en 1555, la rédaction de la Confession de foi et de la discipline des Églises réformées de France par le premier synode national des pasteurs et anciens, tenu à Paris en 1559, marquent l'organisation définitive des églises. C'est en effet au commencement du règne de Charles IX que Delabarre place l'origine de l'église de Corbeil (2).

Avant de reproduire cet important passage, nous jetterons un coup d'œil sur l'état des églises voisines à la même époque.

La fille de Louis XII, Renée de France, duchesse d'Este, en correspondance avec Calvin depuis 1535, avait accueilli les réformateurs à la cour de Ferrare ; en septembre 1560 elle fut chassée après la mort de son mari par son fils Alphonse II, et se réfugia dans son duché de Montargis. Sa présence, et celle des ministres qu'elle fit prêcher dans son château à partir de juillet 1561 (3), furent pendant quinze années pour les protestants de l'Orléanais et de l'Ile de France un encouragement puissant et une sauvegarde efficace en temps de persécution.

« La ville fut retraitte de plusieurs povres fugitifs avec leurs femmes et enfans de Paris, *Melun, etc.*, voire mesmes de plusieurs de la religion romaine fuyant le tumulte de la guerre, lesquels ceste bonne duchesse recevoit sous ses ailes (4) ». Nous avons déjà signalé la présence à Montargis en 1568 de deux membres de la famille Budé.

(1) Leroy, *Recherches sur le protestantisme dans le Melunais*, Meaux, 1874, p. 7.
(2) *Antiquités de Corbeil*. Cf. *France prot.*, 2ᵉ éd. t. II, col. 326.
(3) Demande d'un ministre à Calvin, par l'intermédiaire du ministre Merlin, juin 1561 (*Op. Calv.*, XVIII, 507).
(4) *Hist. ecclés.*, VII, 464 (éd. Baum, II, p. 555).

Entre Montargis et Corbeil, à Nemours, la première assemblée fut faite le 11 janvier 1561 par le ministre Mathieu *Virel*, « lequel estant requis par trente ou quarante personnes, tant hommes que femmes, y dressa l'Église le mesme jour, y faisant eslire trois anciens ». Robert Barat, chez qui se réunissait l'Église, fut arrêté, mais relâché à la demande de la duchesse de Ferrare. En novembre, « un tresmeschant et seditieux homme nommé Jean Maillard, dit de Milly (1), se disant sommelier du Duc de Nemours, et auparavant de la sommelerie du Cardinal de Lorraine, commença à conspirer contre ceux de la Religion reformée, desquels il fict un rolle jusques aux enfans du berceau, en deliberation de tout exterminer pour s'enrichir du butin. » Nous avons un récit détaillé de ses exploits à cette époque et en 1562 (2).

En Beauce on constate de bonne heure, non seulement l'existence de nombreux huguenots, mais l'organisation de plusieurs Consistoires. Des réunions furent tenues dans les faubourgs d'Étampes en février 1560 « en présence des gens et officiers de la reine de Navarre », d'un grand nombre de gentilshommes de la Beauce et de gens du peuple; un ministre de Chinon prêcha que tous les hommes étaient fils d'Adam et d'Ève, « que les enfants d'un même père ont pareille dignité et qu'ils doivent garder égalité entre eux », etc. (3).

« Un monsieur *Truquet* » était ministre dans le bailliage d'Étampes, et un autre, *Lespine*, « à cinq ou six lieues de là ».

Au château de Villereau (4), « maître Robert *Tréhet* montroit en grec et en latin » à huit ou dix jeunes gentilshommes. Charles *Dumoulin*, qui devint ministre de cette Église de fief en 1562, connut alors, au château de Jonvilliers, le ministre Jean *Le Bailleur* dit *Desfacher* et sans doute aussi les membres de la famille *Budé* dont il parle. Il nomme aussi les consistoires d'Ablis, Gallardon, etc.,

---

(1) Bourg à cinq lieues au sud de Corbeil. En septembre 1561, il est question d'un *sieur de Milly*, qui paraît être un autre personnage, parent du Gouverneur de la Charité *Ligonde*, lequel va chez le sieur de Milly « mener le butin » fait sur les huguenots (*Hist. ecclés.*, VII, 432).

(2) *Hist. ecclés.*, V, 751 et VII, 468 (éd. Baum, t. I, p. 834 et t. II, p. 559).

(3) Ch. Dumoulin, plainte contre les ministres de l'Église réformée, 1565; défense de S. Challudre, art. XXXVIII (*Œuvres* de Dumoulin, éd. de 1681, t. V, p. 607). Cf. H. Lehr, *la Réforme aux environs d'Étampes vers 1560* (*Bull. hist. prot.*, 1895, p. 547) et J. Pannier, (*ibid.*, 1896, p. 277).

(4) Commune de Beauvilliers-en-Chartrain, près Allonnes (Eure-et-Loir).

Pierre tombale de Michel II Gaillard et Souveraine d'Angoulême, dans l'église de Chilly-Mazarin.

(D'après le Bon de Guilhermy).

et le ministre *Saint-Martin*, du Chêne (de son vrai nom Hugues *Renard*), arrivé en juillet 1561 (1).

§ 2. — Michel Gaillard, baron de Longjumeau.

Beaucoup plus près de Corbeil habitait un autre seigneur qui favorisa puissamment les prêches dans la capitale même.

Au temps où Th. de Bèze était prieur de Longjumeau, le château de Chilly, au nord du bourg, sur la rive gauche de l'Yvette, appartenait déjà à la famille *Gaillard* (2). Elle portait « d'argent semé de trèfles de sinople à deux papegais affrontés en pointe, surmontés chacun d'une croix de Saint-Antoine de gueules » (3).

Michel Ier avait acquis en 1499 la moitié des seigneuries de Chilly et de Longjumeau (4). Michel II, son fils, reçut l'autre moitié lorsqu'il épousa en 1512 Souveraine d'Angoulême, sœur naturelle de François Ier. Il est qualifié « baron de Longjumeau et d'Escrennes, seigneur de Chilly, d'Harmancourt (5), de Fayet (6), premier gentilhomme de la chambre, panetier du roi », par lettres du 7 février 1512. Le contrat de mariage est du 10 février. La célébration de cette union eut lieu au château d'Amboise en présence de la cour.

Souveraine d'Angoulême avait pour armes: d'azur à trois fleurs de lys d'or, au lambel à trois pendants d'argent, chargés, chacun, d'un croissant de gueules. Elle mourut le 25 février 1551 et fut enterrée dans l'église de Chilly avec son époux, mort le 14 juillet 1531 » (7). La pierre tombale se voit encore aujourd'hui au pied du degré du sanctuaire (8).

---

(1) *Hist. ecclés.*, V, 756 (éd. Baum, I, p. 838).
(2) Patrice Salin, *Notice sur Chilly-Mazarin*, Paris, 1867, pp. 8.
(3) D'Hozier. Cf. Pinard, *Histoire du canton de Longjumeau*, 1864, p. 15.
(4) Lebeuf, t. IX, p. 101. P. Salin, p. 8, dit 1486. — « Il épousa Marguerite de Bourdin de Villène d'Assy (d'azur à trois têtes de cerfs coupées d'or) qui mourut le 9 septembre 1501 et fut inhumée aux Blancs Manteaux où l'on voit encore son épitaphe. » (Communication de M. l'abbé Géhin, curé de Chilly-Mazarin, auquel je suis heureux de renouveler ici mes remercîments pour les renseignements qu'il m'a fournis d'après les titres et quartiers de noblesse, sur la généalogie de la famille Gaillard de Longjumeau-Norreys: Preuves de quatre quartiers, dressées par Chazot de Nantigny ; preuves de huit quartiers, par Duchesne).
(5) On trouve dans la Somme et dans l'Oise deux localités du nom d'Armancourt. Michel II fait hommage d'Harmancourt dès le 16 février 1487.
(6) Fayet, près de Saint-Quentin (Aisne).
(7) Lebeuf. Moréri dit 1533, Pinard 1535.
(8) Reproduction dans F. de Guilhermy, *Inscriptions de la France* (dans la collection des documents inédits), t. III, ancien diocèse de Paris [1877], p. 641.

Leur fils unique Michel III, baron de Longjumeau, d'Escrennes et de Chilly, puis baron de Courcy, par sa femme, héritier des châtellenies de Raucourt, Fayet, Harmancourt, pour lesquelles il fit acte de foi et hommage les 5 mars 1538 et 6 août 1549, général des finances en Bourgogne et en Languedoc, était ainsi cousin germain du roi Henri II. Il devint l'un des plus fervents huguenots de Paris. Il habitait une maison « assise au prey aux clercs » (1). Cet hôtel, isolé, avait appartenu dix années auparavant à Jean de Lisieux, dit le Pavanier; il était situé sur le chemin devenu plus tard la rue Saint-Dominique, au delà d'un autre chemin qui est aujourd'hui la rue du Bac. La maison fut détruite peu après 1561 (2). C'était un des principaux lieux de rendez-vous des protestants, et il paraît même que le culte y fut assez fréquemment célébré. En avril 1561, le sieur de Longjumeau fut mandé en Parlement « parce que la maison est diffamée des assemblées qui se y sont faictes » (3). Cette affaire fut le prétexte saisi pour rendre, le 26, un arrêt général « faisant défenses de faire assemblées et conventicules, de porter armes, ou de procéder par voye de faict, au pré aux clercs ou aultres lieux et endroitz de ceste ville et faulxbourgs ».

Dès le lendemain la populace attaqua l'hôtel de Michel Gaillard: « le 27e du present mois grande multitude de toute sorte allèrent en la maison la où estoit logé un nommé Longemeau, lequel estoit soupçonné de y faire conventicules et presches illicites contre la religion chrestienne, et se mit ledit Longemeau en defense, accompagné de plus de trois cent hommes aiants pistolets et armes, et y furent tués de la commune plusieurs personnes » (4). Michel Gaillard porta plainte, mais, au lieu de lui rendre justice pour cette aggression contre sa demeure, la Cour, par arrêt du 29 avril, ordonna « que commandement sera faict au seigneur de Longjumeau, sa femme et famille, de vuider ceste ville et faulxbourgs de Paris dans huy, sur peine d'estre desclaré rebelle au roy et à justice » (5).

---

(1) *Journal* de Bruslart, dans les *Mém. de Condé*, I, 26.
(2) Et remplacée par l'hôtel Molé. Douen, *Paris protestant,* dans l'*Encyclopédie des sciences rel.*, t. XII, p. 758.
(3) Bruslart, dans *Mém. de Condé*, II, p. 341.
(4) Bruslart, dans *Mém. de Condé*, I, p. 26.
(5) *Ibid.*, II, p. 349. Cf. *France prot.*, 2e éd., t. VI, col. 793. Michelet (*Hist de Fr.*, t. IX, p. 246) a décrit cette scène de pillage et ce jugement comme types de ces ours « que l'histoire marquera d'un rouge sombre ».

La dame de Longjumeau était Louise *de Sains d'Ailly* (1), de la maison d'Épinay-Saint-Luc (écartelé au 1ᵉʳ de gueules, à la fasce d'or, au chef échiqueté d'argent et d'azur de trois traits, qui est de *Sains*; au 2ᵉ d'*Hangest* qui est d'argent à la croix de gueules, chargée de cinq coquilles d'or; au 3ᵉ de *Clermont* qui est de gueules, semé de trèfles d'or, à deux bars adossés sur le tout; au 4ᵉ d'*Apremont* qui est de gueules à la croix d'argent). Nous retrouverons en 1562, une bande parisienne venant attaquer et « tres cruellement traiter » la dame de Longjumeau jusque dans son château de Chilly (2). Elle mourut en 1607 à Paris (3).

§ 3. — LA SITUATION EN 1561-1562. — L'ÉGLISE DE MELUN.

L'Ile de France renfermait ainsi nombre de familles et même de petites communautés protestantes souvent groupées autour des châteaux des seigneurs huguenots, lorsqu'arrive cette période troublée qui précède le colloque de Poissy et les guerres de religion, pendant laquelle le cardinal de Sainte-Croix écrivait à Rome : « Le royaume est plus qu'à demi huguenot (4). » Catherine de Médicis crut, suivant les expressions de Bossuet, « que, dans une commotion si universelle, une conférence concilierait les esprits, et que les disputes qui les partageaient seraient plus sûrement terminées par un accord que par une décision dont l'un des partis serait toujours mécontent (5). » Malheureusement, l'accord ne put être réalisé. Pour siéger à ce « fameux colloque » entre prélats et ministres, l'Église de Paris et les chefs du parti réformé — le roi de Navarre, Condé, Coligny — avaient fait revenir en France Théodore de Bèze. Son nom se trouve ainsi de nouveau mêlé à un épisode concernant notre région (6) : entre deux séances, Bèze, à la demande

---

(1) Sains entre Amiens et Ailly-sur-Noye; la maison tire son nom d'Ailly-le-Haut-Clocher (arr. d'Abbeville, Somme). Sur Antoine *d'Ailly*, Marguerite *de Melun*, et leurs deux fils huguenots *Louis*, « l'un des plus grands seigneurs de la Picardie, dit Castelnau, qui s'attacha d'inclination au prince de Condé, gouverneur de la province », et *Charles*, seigneur de Péquigny, dans le château duquel se réunissait en 1562 une Église de fief, voy. *France prot.*, 2ᵉ éd., t. I, col. 58, et Rossier, *Hist. des protestants de Picardie*, 1861, p. 55 et 91.
(2) *Hist ecclés.*, VI, 155 (éd. Baum, t. II, p. 200).
(3) Registres de Charenton, *Fr. prot.*, 2ᵉ éd., t. VI, col. 794.
(4) *Encyclopédie des sc. rel.*, t. V, p. 61.
(5) Bossuet, *Histoire des variations*, l. IX, *in fine*.
(6) Cf. ci-dessus p. 5 le récit de Fl. de Rémond relatif à un fermier de Longjumeau.

de la reine de Navarre, alla à Argenteuil, le 29 septembre 1561, « solenniser, à la vue de tout le peuple, à l'usage de Genève » (1), le mariage de *Jean de Rohan*, cousin de Jeanne d'Albret, avec *Diane de Barbançon*, nièce de la duchesse d'*Étampes* Anne de Pisseleu (2), dont l'hôtel se voit encore dans cette ville.

Le duc d'Étampes, Jean *de Brosse*, gouverneur de Bretagne, est représenté deux ans plus tard comme un « homme de soy mesme paisible et modéré, qui traitoit fort gracieusement les ministres (3). »

Un autre grand mariage de 1561, où figure une localité proche de Longjumeau (4), fut celui de Catherine Boucher, sœur du président d'*Orsay*, avec J. Hotman, greffier des monnaies, « à la mode de Genève ».

Il serait intéressant de savoir si Corbeil figurait parmi les « deux mil cent cinquante églises et plus », au nom desquelles, peu après le colloque de Poissy, une requête fut présentée au roi pour avoir des temples (5).

En tout cas on dut appliquer à notre ville l'édit de janvier 1562, où « pour la première fois les principes de la tolérance étaient posés dans un acte émané de l'autorité royale (6). » Cet édit, s'il interdisait tout culte public et privé dans les villes, renfermait cependant des mesures de protection assez larges en faveur des protestants, « défendant que lors que ceux de ladite Religion nouvelle iront, viendront et s'assembleront hors desdites villes, pour le faict de leur dite Religion, ils n'ayent à les y empescher, inquiéter, molester, ne leur courir sus, en quelque sorte ou manière que ce soit (7). »

Aucune tradition locale, aucun document, aucun indice tel que le nom d'une rue ou d'un champ ne nous a permis jusqu'à ce jour de fixer où pouvaient se tenir les assemblées de cette époque,

---

(1) Est. Pasquier, *Lettres*, l. IV, 11. Cf. comte J. Delaborde, *les Protestants à la cour de Saint-Germain*, p. 54.

(2) *Péronne de Pisseleu*, sœur aînée de la favorite de François Ier, avait épousé Michel de Barbançon, seigneur de Cany. Cf. *Lettres françaises* de Calvin, à madame de Cany (t. I, p. 281, 295, 335, 1549-1551) et *Fr. prot.*, 2e éd., t. I, col. 767.

(3) Crespin, *Histoire des martyrs*, l. VIII, fol. 599.

(4) Orsay, canton de Palaiseau, Seine-et-Oise. — *Journal* de Bruslart dans les *Mém.* de Condé, I, 65.

(5) *Histoire ecclés.*, IV, 669 (éd. Baum, t. I, p. 745).

(6) Duc d'Aumale, *Hist. des princes de Condé*, t. I, p. 115.

(7) Isambert, *Recueil gén. des anc. lois*, XIV, 124.

hors de la ville ou dans les murs. Cependant l'historien Delabarre, dans le passage que nous allons citer, constate expressément l'existence des protestants et la célébration du culte réformé à une date *antérieure à juin 1562*.

Il n'est pas inutile, pour comprendre la situation, de rappeler ici les faits qui se passaient à la même époque, dans des circonstances analogues, à Melun. Comme nous l'avons remarqué dès les origines, la Réforme se propageait dans toutes les classes de la société : gentilshommes, gens de robe, artisans. Vers 1561, nombre de magistrats du bailliage de Melun suivent l'exemple de l'avocat au Châtelet, procureur du roi en la prévôté, Me Jehan *Chabouillé*, et se joignent à l'Église qui se réunissait au faubourg Saint-Liesne ; le pasteur était Pierre *David*, ancien moine venu de Nérac en 1558 avec le roi de Navarre (1).

Les huguenots de Melun ne manquaient pas une occasion de protester contre ce qu'ils regardaient comme des superstitions papistes, et voici une curieuse description de la manière parfois intempestive dont ils cherchaient à gagner à leurs idées les gens du dehors, notamment les pélerins qui venaient de Corbeil: « Un dimanche du mois d'août 1562, Jehan *Rossignol*, habitant de Melun, qui avait embrassé le protestantisme, fit rencontre d'une procession de gens de la ville de Corbeil, qui venaient d'accomplir un pélerinage en l'Église des religieux du Mont-Saint-Père, au faubourg Saint-Barthélemy : « Messieurs, s'écria-t-il, de où venés-vous ? Avez-vous bien baisé les relicques pour estre bien atoufez ? Vous avez baisé la teste d'ung mouton ! » Le père de Jean Rossignol, scandalisé d'un tel langage, alla aussitôt chez le notaire Jehan Violet faire deshériter son fils (2).

§ 4. — L'Église de Corbeil en 1562.

Comme Me Jean Chabouillé à Melun, ce sont aussi des hommes de loi, un prévôt et un ancien procureur, qui paraissent avoir été les principaux appuis de l'Église naissante à Corbeil. En voyant les Églises organisées et les prêches tenus tout autour d'eux, dès avant

---

(1) Leroy, *le Protestantisme dans le Melunais*, p. 9 (d'après une protestation notariée des chanoines le 16 février 1561). Cf. *Fr. prot.*, 2e éd., t. III, col. 997, et t. V, col. 172.

(2) Acte du 26 août 1562; Leroy, *Prot. dans le Melunais*, p. 17; Cf. *Bull. hist. prot.*, t. XXIV, p. 392.

le colloque de Poissy, et surtout après l'édit de janvier 1562, dans les villes et dans les châteaux, du côté de Melun comme du côté de Montargis ou d'Étampes, les protestants de Corbeil voulurent aussi avoir leur Église, et voici quels en furent, d'après Delabarre, prévôt et historien de Corbeil, les premiers développements (1).

« *Corbeil est trop proche de Paris pour s'exempter de cette contagion, qui avoit grande vogue dans ce peuple, ramassé de toutes nations, humeurs et complexions.* BERGER, *prevost de Corbeil, avec cinq ou six autres des principaux habitans, agitez de l'esprit turbulent qui bouleversoit la France, voulurent establir en leur ville une synagogue de leur pretendüe reformation.* »

Delabarre, évitant les mots *église* ou *temple*, paraît bien désigner ici par *synagogue* un lieu de culte, plutôt que l'assemblée des fidèles. Quant au Prévôt Berger, nous connaissons peu de détails sur sa vie. La *France protestante* (2) dit qu'« il fut un des principaux soutiens de l'Église qui se forma à Corbeil au commencement du règne de Charles IX », et qu'après le siège de cette ville « il évita une mort certaine en se joignant aux troupes du prince de Condé. L'édit de pacification de Saint-Germain (1570) lui ayant permis de retourner à Corbeil, il y reprit ses fonctions, dans lesquelles il fut maintenu par arrêt du Conseil privé, rendu contre les prétentions de celui qui les avait exercées en son absence. La Saint-Barthélemy l'obligea de nouveau à fuir, mais sa conversion lui fit accorder plus tard l'autorisation de rentrer dans ses foyers ».

La famille *Berger, Bergier* ou *Le Bergier* a fourni trois prévôts à la ville de Corbeil dans le cours du seizième siècle (3). Un personnage de ce nom qui paraît dans les dernières années, et qu'on ne peut guère identifier avec celui de 1562, était zélé partisan de Henri IV, mais suspect à ses concitoyens catholiques (4).

« *A faute de meilleur prédicant,* continue Delabarre, *ils instruisi-*

---

(1) Delabarre, *Antiquitez de la ville, comté et châtelenie de Corbeil*, Paris, 1647, p. 243.

(2) Deuxième édition, t. II, col. 326.

(3) A. Dufour, *Relation du siège de Corbeil en 1590*, traduite du jésuite Dondini, avec introduction et notes, Fontainebleau, 1886 (extrait des *Annales de la Soc. hist. du Gâtinais*).

(4) Lettre à Monsieur le procureur du roy à Corbeil, datée de Villeroy, ce 2ᵉ février 1584, et signée : *Le Bergier*, dans les manuscrits déposés aux archives municipales de Corbeil. — Lettre de *Charles Le Bergier*, sergent royal à Corbeil, du 28 mars 1591, dans A. Dufour, *op. cit.*, p. 14.

rent un *Procureur, nommé* Quentin, *à jargonner selon leur ramage, des abus introduits en l'Église, de la superfluité des Prélats, de la desbauche des Moines, et de l'ignorance des Prestres, et sous ce prétexte desbaucher ce peuple, le faire revolter et secouèr le joug de l'obéissance ecclésiastique et civile* ».

Aucun ministre autrement connu ne s'appelle *Quentin*, nom ou prénom d'ailleurs fréquent en Brie: Alexandre Quentin, de Claye, décrété de prise de corps en 1563 avec quarante-quatre autres, dont Catherine Budé (1); Quentin Rentier, Quentin Croyer etc. à Meaux en 1572 (2). Quant à la consécration d'un pasteur, on n'y procédait pas, même en ces temps difficiles, avec la légèreté que suppose Delabarre, et le tout premier article de la discipline de 1559 porte que « pour procéder à l'élection de ceux qu'on veut employer au ministère de la Parole de Dieu, on se gouvernera selon la règle de l'Apôtre: c'est qu'examen et inquisition sera faite de leur doctrine et de leurs mœurs, autant diligemment que faire se pourra ». L' « élection » était faite en synode, en colloque, ou tout au moins en consistoire.

Quant à l'esprit de révolte au point de vue politique, il est presque superflu de réfuter ce reproche répété dans tous les temps avec une égale ténacité et une égale fausseté: la confession de foi réformée (Art. XL) déclare « qu'il faut obéir aux lois et statuts, payer tributs, impôts et autres devoirs, et porter le joug de subjection d'une bonne et franche volonté, encore que les supérieurs fussent infidèles, moyennant que l'empire souverain de Dieu demeure en son entier ».

Dès lors deux partis existaient dans la ville, et un des conflits trop fréquents, hélas, à cette époque, nous est raconté par Delabarre en une page qu'il serait fort utile — mais qu'il a été jusqu'à présent impossible — de contrôler d'après les documents originaux.

« *Le prevost reformé, assez instruit des moyens qu'il vouloit tenir en l'introduction de ces nouveautez, n'oublia aucun artifice pour attirer le peuple à sa cordelle, et harasser et tourmenter ceux qu'il connoissoit contrarier à ses desseins. Enfin il voulut donner l'espouvante aux Catholiques; il choisit l'heure que le peuple commençoit de s'assembler en*

---

(1) *France prot.*, III, col. 379. Cf. ci-dessus, p. 10.
(2) Crespin, *Hist. des martyrs*, fol. 709 recto.

l'Église, et envoya un de ses suppôts quereller ceux qui sonnoient les cloches : cet homme fut un peu mal mené, ainsi que son Maistre avoit projetté devoir advenir, pour avoir sujet d'en faire une grande information, en laquelle il s'estudia de comprendre les plus apparens des Catholiques : mais ils se retirèrent par devers la cour de Parlement, où ils exposèrent les procédures de leur prévost, qui fut mandé, blâsmé et renvoyé avec diminution de son authorité et réputation ».

Les faits ainsi rapportés se sont vraisemblablement passés dans le premier semestre de 1562, peu avant un autre épisode qui vient ensuite dans le livre des *Antiquitez de Corbeil*. Le Parlement de Paris n'avait enregistré qu'avec peine l'édit de janvier, et deux mois après, le massacre des protestants de Vassy avait ouvert la triste période des guerres de religion. Les huguenots ayant pris l'abbaye de Saint-Benoît-sur-Loire, un religieux s'enfuit sous un habit séculier à travers le Gâtinais, emportant « quelques particules d'ossemens de S. Benoist ».

« *Voulant passer par Corbeil, il fut arresté par les gardes de la porte S. Nicolas —* (au-dessus de la rue Saint-Spire, entre les rues actuellement dénommées rue des Fossés et rue de la Juiverie) *— à cause qu'il estoit en fort mauvais équipage, et fut conduit par devant Maistre Nicolas Barré, Procureur du Roy... et présenta les reliques qu'il portoit, lesquelles furent retenues par ledit Barré, en intention d'en faire un reliquaire pour sa paroisse, et de ce que dessus on dressa un procès verbal qui fut mis au greffe... du 8° juin 1562* ».

Telle était la situation des catholiques et des protestants à Corbeil, les uns soutenus par le prévôt Berger, les autres par le procureur Barré, dans l'été de 1562, quelques mois avant l'apparition, devant les murs de la ville, des troupes protestantes commandées par le prince de Condé.

CHAPITRE III

La campagne de 1562

§ 1. — Préliminaires, Conférences et Combats entre Paris et Orléans

Les préliminaires de la guerre et la première campagne eurent lieu précisément entre Paris et Orléans, et dans les environs immédiats de Corbeil.

Les sources à consulter sur ce point spécial de notre histoire sont relativement nombreuses et variées. Nous indiquerons en notes les diverses lettres, rapports etc.; en ce qui concerne *l'Histoire ecclésiastique des Églises réformées*, si elle paraît être en général une compilation faite seulement *sous la direction* de Théodore de Bèze, le sixième livre, que nous aurons à consulter souvent, est certainement l'un de ceux où la part de Bèze fut la plus considérable, tant pour les matériaux fournis que pour leur mise en valeur. Il y a ici, comme l'a établi le dernier éditeur critique de cet ouvrage, « un ton plus particulièrement *personnel* »; plusieurs récits sont évidemment sortis de la plume d'un témoin oculaire des faits, bien au courant des hommes et des choses (1) ». Et en effet Bèze, devenu « l'âme du parti réformé » (2), accompagna, cette année-là, le prince de Condé dans la plupart de ses marches à travers l'Ile de France et l'Orléanais, étant d'ailleurs, comme il

---

(1) Rod. Reuss, *Notice bibliographique, historique et littéraire,* en tête du t. III, édition de Paris, Fischbacher, 1889, p. LXIV.

(2) Viguié, *Encycl. des sc. rel.*, t. II, p. 262, v° Bèze.

prend soin de le marquer lui-même, « en manteau et non en armes » (1).

Depuis que François 1er avait reconstruit le château de Fontainebleau, il y avait entre Paris et cette ville, lorsque la cour y était, un grand mouvement de troupes et de cortèges seigneuriaux, et l'une des routes, celle de la rive gauche de la Seine, passait alors comme aujourd'hui à l'ouest de Corbeil au village d'Essonnes où, depuis deux siècles déjà, s'était établie la plus vieille papeterie française (2).

C'est ainsi que, dans les premiers jours de mars 1561, le prince de Condé venant de son gouvernement de Picardie pour se disculper devant le conseil, à Fontainebleau, des accusations portées contre lui par ses ennemis, « arriva en poste, accompaigné au partir de Paris par où il passa, de cent chevaux et plus (3) ».

Un an après, en mars 1562, aussitôt après le massacre de Vassy, le roi de Navarre, détaché du parti protestant par le roi d'Espagne, s'entend avec les Guise pour ramener le roi de Fontainebleau à Melun, où ils le garderont à leur disposition (4), tandis que Condé, arrivé à Meaux « avec neuf cens a mil chevaux (5) », conseille à Catherine de Médicis de conduire son fils à Orléans sous la protection des chefs réformés. L'ambassadeur d'Angleterre, Throckmorton, dit formellement qu'Antoine de Bourbon s'arrêta d'abord, avec une nombreuse escorte, à Corbeil (6).

« Né grand, prudent, courageux et pauvre (7) », Louis de Bourbon, prince de Condé, était devenu le chef des réformés après

---

(1) *Apologia ad libellum F. Claudii de Xaintes*, 1567 (dans les *tractationes theologicæ*, 1570).

(2) En 1340 (Vicomte d'Avenel, *le Mécanisme de la vie moderne*, ch. VII).

(3) *De la Place*, p. 120.

(4) « C'est un lieu où l'on a acoustumé tenir et enfermer ceux desquels on se veut garder » (Harangue de Spifame, envoyé de Condé, en novembre 1562, publiée en 1563 ; traduite dans l'*Hist. eccles.*, VI, 178 (éd. Baum, t. II, p. 221), et les *Mémoires de Condé*, ou Recueil pour servir à l'histoire de France (Londres, 1743 ; IV, 56).

(5) *Hist. ecclés.*, VI, 6 (éd. Baum, t. II, p. 16).

(6) « The king of Navarre with his company went from *Corbeil* to Fontainebleau, where the King and especially the queen mother made them strong countenance, because the train came in arms to the court (Throckmorton to the queen, 31 mars 1562. Calendar of state papers, foreign). Comte J. Delaborde, *Coligny*, t. II, p. 54, note 1.

(7) D'Aubigné, *Histoire universelle*.

la défection de son frère le roi de Navarre, et fut dès lors un des principaux personnages dans l'histoire du siècle. « D'après des portraits authentiques ses yeux étaient vifs et perçants ; sa figure, agréable sans être régulière, s'encadra plus tard dans une de ces barbes fortes, d'un blond ardent, que reproduisent si souvent les maîtres du XVIe siècle. Son esprit était brillant et assez cultivé, sa parole facile, entraînante, avec une pointe de raillerie que sa bonne humeur faisait oublier ; rien de puritain assurément ; beaucoup de gaieté et d'ardeur, le désir et le don de plaire, le caractère résolu, l'âme fière, le cœur grand et généreux » (1). Toutefois il faut bien reconnaître que le prince manqua souvent de caractère, et le siège de Corbeil nous en donnera précisément un exemple typique.

Condé se décida à entrer en campagne lorsqu'il apprit l'arrivée et la quasi-captivité du roi au château de Melun. « Entendant cela ledit sieur Prince... après avoir fait la Cene à Meaux, le jour de Pasques 29 de Mars, tira droit au pont S. Clou (2) ». Il eût été plus court de passer par Corbeil pour aller à Orléans, mais les triumvirs étaient maîtres de la route entre Paris et Melun (3), et déjà sans doute, comme nous en aurons bientôt la preuve, le pont de Corbeil était très sérieusement gardé.

Condé passe donc celui de Saint-Cloud avec deux mille cavaliers (4). « De là il tira droit [par Palaiseau (5)] à Montlehery (6) » et Chastres (7), c'est-à-dire Arpajon ; puis par Angerville et Toury il arriva sans coup férir à Orléans, où les huguenots le reçurent au chant des psaumes, et qui devint la base des opérations. Nous glanerons seulement, dans les diverses relations des graves évé-

---

(1) Duc d'Aumale, *Histoire des princes de Condé*, t. I. p. 23. En tête de ce volume figure une reproduction d'un dessin de Janet. Un dessin à la plume et une gravure prêtés en janvier 1897 à la Bibliothèque de la rue des Saints-Pères par un libraire allemand représentent le prince de profil, avec la barbe en pointe, la main droite sur sa toque que supporte un coussin, la main gauche tenant une fleur.

(2) *Hist. ecclés.*, VI, 7 (éd. Baum, II, p. 18). Cf. La Noue, *Discours*, p. 783.

(3) M. le duc d'Aumale admet que « *déjà Condé était au pont de Saint-Cloud* quand il apprit qu'il était devancé et que les triumvirs étaient à Fontainebleau (1, p. 125) ». Ce qu'il y apprit, c'était que la cour, le mardi 31, était venue de Fontainebleau à Melun (*Mém. de Condé*, II, 31).

(4) Languet, 30 mart., p. 213.

(5) *Mémoires de Condé*, I, 79.

(6) *Hist. ecclés.*, loc. cit.

(7) La Noue, *Discours*, loc. cit.

nements qui suivirent, les détails topographiques ou autres concernant notre région.

Par divers manifestes publiés à Orléans, le prince de Condé, l'amiral Coligny, les seigneurs et chevaliers de l'Ordre, déclaraient qu'ils étaient « de bons et loyaux subjectz », ne prenant les armes que « forcez et contraints », « n'ayant rien en plus grande recommandation, après l'honneur de Dieu, que le service de notre roy », « désirans remettre sa majesté et sa couronne en sûreté, et la royne en son autorité » (avril 1562) (1). En témoignage de leur dévouement aux véritables intérêts du roi de France, les huguenots prirent ses couleurs: la casaque et l'écharpe *blanches*.

De leur côté les triumvirs, chefs du parti catholique, se préparaient aussi à la lutte. Ils prirent la livrée rouge du roi d'Espagne, ce qui montre combien l'idée patriotique était loin d'être alors ce qu'elle est aujourd'hui. Le 31 mai, l'armée catholique sortit de Paris. « M. le maréchal de S. André la conduisit au partir, accompagné de M. de Brosses [le duc d'Étampes]. Le lendemain le roy de Navarre, le Connetable, et M. de Guise, accompagnés d'un grand nombre de gentilshommes et grands seigneurs, s'en allèrent au camp qui estoit a Longjumeau (2) ». Ils avancèrent ensuite jusqu'à Montlhéry (3). Le 3 juin, la reine vint de Vincennes avec « des haquenées de relais, pour faire plus grande diligence (4) », passant plus probablement par le pont de Charenton que par celui de Corbeil. Elle tint conseil avec les chefs catholiques au camp de Montlhéry (5), puis eut à Château-Gaillard, entre Artenay et Toury, avec le prince de Condé, une conférence que rendirent inutiles les décisions irrévocablement prises la veille (6).

Après une autre tentative aussi infructueuse pour « amuser » son adversaire, la reine se retira vers la fin du mois à Melun où était le roi (7), et les hostilités s'ouvrirent dans le sud-ouest de l'Ile

---

(1) *Mém. de Condé*, III, 258 sqq. Cf. Cte Delaborde, *Coligny*, II, p. 70.
(2) Journal de 1562, Revue rétrospective, V.
(3) *Hist. ecclés.*, VI, 76 (éd. Baum, t. II. p. 99)
(4) Journal de 1562, *loc. cit.*
(5) *Discours* et dans les *Mém. de Condé*, IV, 10.
(6) « Cest abouchement demeura du tout infructueux, s'estans obligés la Royne et le Roy de Navarre devant que de partir de Montlehery, de n'outre passer la résolution prinse en leur conseil » (*Hist. ecclés.*, VI, 81, éd. Baum, t. II, p. 103).
(7) *Ibid.*, VI, 98 (t. II, p. 128).

.de France : « la Beauce eut deux armées pour luy aider à faire la récolte (1) ».

Les réformés résolurent de donner une « camisade » (surprise de nuit) à l'armée royale. « Dans la journée du 2 juillet ils vinrent à la Ferté-Alais ; au coucher du soleil leurs soldats revêtirent une chemise blanche pardessus leurs armes, afin de se reconnaître, et s'ébranlèrent en deux corps. Le premier était aux ordres de l'amiral : il marchait en tête avec huit cents lances qui devaient renverser les avant-postes de cavalerie ennemie ; douze cents arquebusiers et deux gros bataillons de piques devaient se saisir de l'artillerie. Condé dirigeait la « bataille », composée de mille chevaux, en quatre escadrons, et du reste de l'infanterie... Mais on chemina lentement ; les guides, troublés ou mal choisis, s'égarèrent : la surprise fut manquée (2) ».

En ce mois de juillet le Parlement de Paris rendit contre les huguenots divers arrêts dont l'Église de Corbeil et les protestants disséminés eurent sans doute fort à souffrir, car les arrêts furent exécutés dans l'Ile de France en maint endroit avec la même rigueur qu'à Paris, « tellement que, pour estre jetté en la rivière au lieu d'estre mené en prison, il ne faloit qu'estre appelé huguenot en pleine rue, de quelque religion qu'on fust (3) ».

Cependant les opérations militaires continuaient à l'est et au nord-ouest d'Orléans. Le 21 septembre le roi passe à Dourdan, allant en Normandie (4).

Les passages de rivières présentaient alors des difficultés particulièrement grandes, en temps de guerre, et surtout pour la cavalerie ; la garde des ponts était une des premières préoccupations des belligérants. C'est aussi ce qui donnait une certaine importance au château et à la ville de Corbeil, encore fort petite, mais située au confluent de la Seine et de l'Essonne, si près de la capitale. Lorsqu'en octobre 1562, le frère de l'amiral Coligny, d'Andelot, traverse tout l'est de la France, amenant neuf cornettes de reîtres et douze enseignes de lansquenets depuis Bacharach jusqu'à

---

(1) Castelnau.
(2) Duc d'Aumale, *Hist. des princes de Condé*, I, p. 146, d'après La Noue. *Disc. polit. et milit.*, p. 676.
(3) Crespin, *Martyrs*, 1. 8, f° 581. Cf. Bèze, VI, *passim*.
(4) Lettre de Perrenot de Chantonnay, ambassadeur du roi catholique, du 21 sept. 1562, dans les *Mém. de Condé*, II, 85.

Orléans, les triumvirs ordonnent aux villes et aux seigneurs de prendre des mesures extraordinaires, et pourvoient « très bien à tout ce qui pouvoit empescher ce passage (1) », mais sans résultat. Il franchit, à marches forcées, la Seine « audessus de l'embouchure [la source] (2), près de Châtillon, l'Armançon près de Tonnerre, l'Yonne à Cravant, le Loing à Montargis, et rejoignit son frère dans Orléans le 6 novembre. Dès l'arrivée de ces renforts, Condé et Coligny se mirent en marche sur Paris. On conçoit une haute idée de la manière dont Condé, ses officiers et ses ministres (entre autres Bèze qui venait d'arriver avec d'Andelot) entendaient la discipline, en lisant les *prières ordinaires des soldats de l'armée, accommodées selon l'occurrence du temps* (3).

A ce moment les environs de la capitale, occupés par les troupes des triumvirs, étaient battus par des bandes catholiques plus ou moins régulièrement organisées. Parmi les victimes, en octobre 1562, nous retrouvons la famille de Michel Gaillard, au château de Chilly près de Longjumeau (4) :

« C'estoit une pitié des pillages qui se faisoient par certains brigands, naguères intitulés Capitaines, sortant de Paris et d'ailleurs pour piller les maisons des gentilshommes de la religion en Beausse.., notamment celle de Longjumeau, par un Capitaine, cordonnier de Paris, dont la dame fut très cruellement traittée, y estant tué un jeune homme, précepteur de ses enfants, combien que la sauvegarde du roy, sous confiance de laquelle le sieur du lieu s'estoit retiré d'Orléans, luy fust exhibée, et mesmes fust attachée à la porte du château (5) ».

Il semblerait, d'après un autre récit, que la maison de Michel Gaillard fut pillée par un lieutenant criminel de robe courte, *Jean Tanchou*, « quant *par ordonnance de la court* il fust envoié audit lieu de Longjumeau (6) ».

---

(1) *Hist. ecclés.*, VI, 186 (éd, Baum, t. II, p. 229). Cf. Cte Delaborde, Coligny, t. II, p. 158.
(2) D'Aubigné, *Hist. univ.*, l. II, ch. XIII (éd. de Ruble, t. II, p. 99).
(3) Prière du matin, prière du soir, terminées l'une et l'autre par l'oraison dominicale et le symbole des apôtres. *Mém. de Condé*, III, p. 262. Cf. la Noue, VI, p. 286, et : Desjardins, *Les sentiments moraux au XVIe S.*, 1, p. 51.
(4) Ci-dessus p. 23.
(5) *Hist. ecclés.*, VI, 153 (éd. Baum, II, p. 199).
(6) Plainte de l'avocat Rusé (qui figure déjà en 1561 lors de l'attaque de l'hôtel de Michel Gaillard à Paris), en 1564 (*Mém. de Condé*, I, p. 149). En 1596, Michel IV

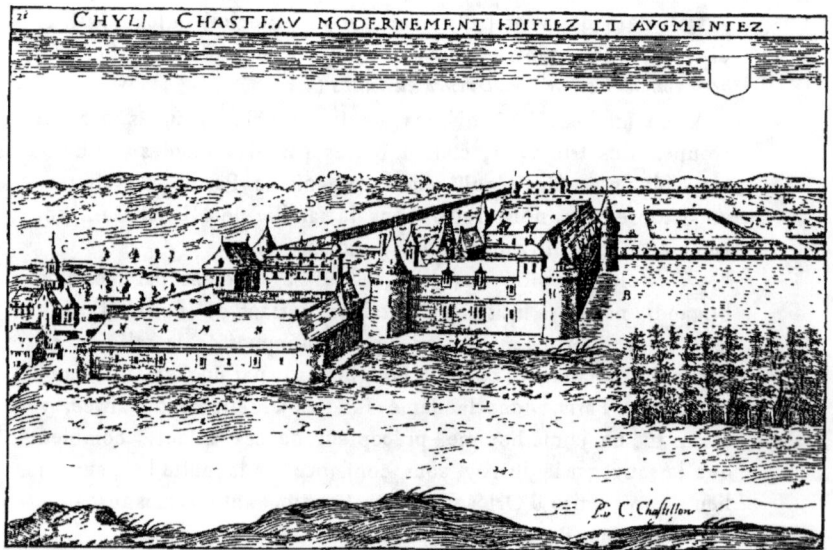

Le Château de Chilly Mazarin, d'après Claude Chastillon (XVI siècle).

§ 2. — Marche de Condé sur Étampes et Corbeil.

Nous avons laissé Condé sortant d'Orléans après l'arrivée des renforts qu'amenait d'Andelot. Le 8 novembre Artus de Cossé, seigneur de Gonnor, vint négocier avec lui de la part de la reine-mère, mais sans plus de succès qu'elle n'en avait eu précédemment.

La première ville à prendre sur la route de Paris était Étampes. Une petite garnison catholique y avait été laissée en septembre (1); le maréchal de St-André s'y était replié, après avoir vainement essayé de barrer la route à d'Andelot du côté de Sens. Il arrivait encore trop tard à Étampes, « en intention d'y faire le magasin de camp du triumvirat, s'il n'eust esté prévenu. Il se retira aussi en toute diligence, laissant toutes fois deux enseignes dans la ville, laquelle, y estant arrivée la cavalerie légère du Prince, luy ouvrit les portes, s'estant les gens de pied retirés au chasteau et rendus le lendemain avec l'espée et la dague. Seulement il y eut quelque désordre et pillage à l'entrée, par la faute de ceux qui ouvrirent les portes indiscrètement, mais cela cessa tantost. Et parce qu'il y avoit grande quantité de vivres, on y establit des commissaires pour fournir à la munition du camp (2) ».

Le château dont il est question ici est la forteresse bâtie par le roi Robert et dont les imposantes ruines, notamment la tour Guinette, dominent aujourd'hui encore la ville (3). « Le chasteau, écrivait le 6 novembre — sans doute aussitôt arrivé — l'ambassadeur d'Espagne, est sur un petit hault, qui ne s'est encores rendu;

---

vendit à Martin Ruzé, seigneur de Beaulieu, les terres de Chilly et de Longjumeau moyennant 40.000 écus, plus une somme de 500 écus représentant la valeur d'une chaîne d'or pour Claude de Lafayette, dame de Chilly. Ce Martin Ruzé, fils de Guillaume Ruzé, secrétaire d'État en 1588, mourut catholique en 1613, car sa pierre tombale dans le chœur de St-Étienne de Chilly porte la formule : « Priez Dieu pour son âme » (Cf. P. Salin, *Notice sur Chilly*; et F. de Guilhermy, *Inscrip. de la France*, t. III, p. 644); sa statue le représente en grand costume de l'ordre du St-Esprit. Il laissa ses domaines à son petit-neveu le marquis d'Effiat.

(1) *Hist. ecclés.*, VI, 146 (éd. Baum, t. II, p. 190).
(2) *Hist. ecclés.*, VI, 192 (éd. Baum, II, p. 236). Cf. d'Aubigné, *Hist. univ.*, l. III, ch. XII.
(3) Max. Legrand, *Étampes pittoresque*, 1896.

et leur donnera quelque empeschement, pour ce que maintenant ilz menent peu d'artillerie aveq eulx » (1).

Condé avait son quartier général dans « une commanderie » qui est certainement la riche commanderie de Chauffour, près d'Étréchy, à deux petites lieues au nord d'Étampes (2), peut-être dans quelqu'une des parties de l'ancien château des Templiers qui subsistent à la ferme du Roussay (3).

C'est à ce moment, d'après des témoignages un peu vagues, qu'il faudrait placer une petite expédition des huguenots contre la ville de Dourdan, « laquelle ils bruslèrent, parce que elle estoit à Monsieur de Guise » (4), et contre Chastres sous Montlhéry, c'est-à-dire Arpajon.

Théodore de Bèze, qui sans doute accompagnait déjà Condé comme il le fit pendant la suite de la campagne, se trouvait ainsi revenu tout près de son ancien prieuré de Saint-Éloi à Longjumeau. Il écrit à Calvin, sans autre détail : « Sequuta mox est Stamparum et *omnium vicinorum oppidorum* deditio (5) ».

Tandis que La Noue approuve Condé de n'avoir pas marché droit sur Paris, Bèze, dans cette lettre, blâme la tactique alors suivie, et la même appréciation se retrouve dans l'*Histoire ecclésiastique*, où l'on peut, ici tout au moins, reconnaître le même auteur (6) :

« *Alors fut-il délibéré quel chemin on tiendroit; de quoy plusieurs s'esmerveillèrent, estant chose toute claire, que si on fust allé droit à Paris, distant seulement de quatorze petites lieues par un chemin tout uni, et plein de bourgades et de vivres, le Prince pour le moins pouvoit*

---

(1) *Mém. de Condé*, II, 106.

(2) Une des sept commanderies de St-Jean de Latran ou de l'Hôpital ancien, à Paris (Mannier, *les Commanderies du grand prieuré de France*, 1872, in-8°, p. 43).

(3) L. Marquis, *Étréchy et les fiefs environnants*, dans le *Bull. de la Soc. hist. et archéol.* de Corbeil, 1896, p. 19. Cette campagne de 1562 n'est pas mentionnée dans le chapitre intitulé : « Les gens de guerre à Étréchy ».

(4) *Journal* de Bruslart, dans les *Mém. de Condé*, I, p. 100 : « Le douziesme jour de ce mois [novembre] vindrent [à Paris] nouvelles que la ville d'Étampes avoit esté prise,... et *de là* allèrent à la ville de Dordan, etc. ». Cf. lettre de Chantonnay (16 nov.), *Mém. de Condé*, II, p. 106 : « Dois qu'ilz arrivarent à Estampes, ilz ont courru jusques à Dordan et Chastres soulz Molday ». — Delabarre, *Antiquitez* etc., p. 245, place aussi la prise de Dourdan avant le siège de Corbeil.

(5) Beza Calvino, 14 déc., *Op. Calv.*, XIX, p. 597. Cf. *Mem. de Condé*, IV, p. 145. Throckmorton, 20 nov. (*Cal. of state papers*, p. 473).

(6) VI, 192. Cf. La Noue, p. 840. De Thou, III, 358.

surprendre tous les fauxbourgs de deça (1), *qui ne sont pas une petite partie de la ville, donnant un tel effroy aux Parisiens, qu'ils eussent apporte la carte blanche, ou bien eussent souffert une perte inestimable.*

« *Mais il pleut à Dieu de bander les yeux à tant de capitaines et gens d'esprit qu'il y avoit en l'armée pour prendre le chemin a costé, par La Ferté-Alaix et à Corbeil, alleguans les uns qu'il faloit espargner la ville capitale du royaume, c'est-à-dire la caverne dont souffloit tout le vent de ceste tempeste; les autres alleguoient une maxime de guerre, à savoir que si les soldats estoient une fois enrichis d'un tel butin, ils ne se voudroient plus exposer aux hazards et mesmes seroient en danger de se desbander; chose vraiment digne de considération, mais qui ne peut avoir lieu toutesfois et quantes que la prise d'une ville dont il est question apporte la victoire entière, ou contraint l'ennemi de venir à composition raisonnable, comme il fust lors advenu* ».

L'historien des princes de Condé juge ainsi cette détermination (2): « Quand il s'agit d'affaires de guerre, comment espérer qu'un conseil dirigeant adopte une résolution simple, énergique et efficace? Tout plan qu'on met en délibération est presque toujours amoindri ». M. le duc d'Aumale rend ainsi les conseillers du général en chef en majeure partie responsables du retard causé par la marche sur Corbeil. D'autres indices porteraient plutôt à croire que Condé résista à l'avis de la majorité, qui était de marcher droit sur Paris (par Arpajon, Longjumeau, Bourg-la-Reine, Montrouge); il y aurait à reconnaître ici l'effet de quelque scrupule, ou — ce qui paraît le plus probable — un succès diplomatique de la reine-mère. En effet, elle avait envoyé de nouveau à Condé et Coligny M. de Gonnor « qui passa la nuit du 11 novembre dans le logement occupé par l'amiral [à Étampes ou à la commanderie de Chauffour] et lui fit de longs discours (3). » Une lettre de l'ambassadeur d'Espagne donne une indication précieuse, d'après laquelle Condé, renonçant à marcher droit sur Paris et acceptant de recommencer les négociations avec Catherine de

---

(1) C'est-à-dire de la rive *gauche*. D'Aubigné (III, xii) dit: « Par les pratiques de Janlis, qui se vantoit d'intelligence dans la ville du costé de sainct Denis, il fut résolu de marcher vers Sainct-Denis », c'est-à-dire de passer sur la rive *droite*, par le pont de Corbeil.

(2) Duc d'Aumale, I, p. 176.

(3) Trockmorton to the queen, 20 nov. 1562 (*Calend. of state papers*, foreign).

Médicis, aurait demandé, à cet effet, l'autorisation de se rendre sur la rive droite de la Seine par le pont de Corbeil; ce qui expliquerait à la fois sa marche sur cette ville et son attente à quelque distance: « Il est entendu que le prince de Condey avoit envoyé à Corbeil demander passaige pour venir vers la Royne-mère. Celuy qu'est au dict Corbeil [Pavan ou Cosseins, voir ci-après] luy ha respondu que s'il vouloit passer avecq son train ordinaire il luy bailleroit ouverture; aultrement il s'efforceroit tant qu'il pourroit de luy guarder l'entrée (1) ».

Que ce fût pour attaquer Paris au nord-est, ou simplement pour conférer avec la reine (alors à Vincennes), toujours est-il que Condé, laissant une petite garnison à Étampes (2), se mit en marche dans la direction de Corbeil.

§ 3. — Condé devant Corbeil (16 novembre 1562).

« Le 16 du mois, l'avant-garde du Prince logea à deux lieues de Corbeil, ville assise sur la rivière de Sene, et la bataille en la paroisse de Balancourt, ayans ceux de la ville mis le feu à leurs faux-bourgs, de l'ordonnance du sieur de Pavan, qui y avoit esté envoyé avec quelques legionnaires de Picardie et Champagne (3) ».

L'avant-garde, qui paraît avoir campé précédemment, comme nous l'avons vu, à Étréchy, n'avait qu'à suivre la vallée de la Juisne, puis celle de l'Essonne, jusqu'au château de Villeroy et au village de Mennecy ; peut-être même s'avança-t-elle aussitôt, à deux petites lieues de Corbeil, jusqu'au dessus du Plessis-Chenet, où nous retrouverons bientôt établi le quartier général ; c'était en effet une bonne position stratégique commandant les deux vallées de la Seine et de l'Essonne. Enfin elle campa à Essonnes (4).

Quant à la *bataille*, « le centre, le principal corps où se trouvait, en général, le gros de la gendarmerie (5) », il vint, par le Mesnil-

---

(1) Lettres de Chantonnay, 16 novembre (*Mém. de Condé*, II, p. 107).

(2) Throckmorton, 13 déc. (*loc. cit.*, p. 543): « Pithiviers and Etampes are not guardable with the small force left in them ».

(3) *Hist eccles*., VI, 193.

(4) De la Barre (p. 246) dit que ces troupes détruisirent les moulins à papier qui existaient à Essonne depuis le XIII° ou le XIV° siècle.

(5) Duc d'Aumale, *Hist. des princes de Condé*, I, p. 51, n. 2.

Racoin, Boissy-le-Cutté, et Villiers-la-Joie, dont le couvent fut pillé (1), à la Ferté-Alais, et de là, par Baulne, à Ballancourt. L'ancienne route de la Ferté à Corbeil, aujourd'hui chemin vicinal, à l'est de la grande route, s'en détache à Ballancourt au sud du grand Saussay (château appartenant actuellement au général marquis de Colbert), et rejoint l'ancienne route de Milly et celle de Fontainebleau au nord du Plessis-Chenet, en laissant à droite la ferme des Messis, puis à gauche celle de la Verville.

Ballancourt, sur la rive droite de l'Essonne, était célèbre par la chapelle du château de Palluau où les reliques de saint Spire avaient été d'abord déposées au Xe siècle, avant d'être transportées à Corbeil (2).

La ville de Corbeil occupait alors l'espace assez étroit délimité aujourd'hui encore à l'est par la Seine, au nord et à l'ouest par l'Essonne, que longe la rue dite *des Remparts*, au sud par le canal de l'Arquebuse. La *rue des Fossés* indique la moitié d'un bastion derrière lequel était reléguée *la juiverie*, et qui défendait l'entrée méridionale de la ville: la *porte Saint-Nicolas* donnait accès dans la rue Saint-Spire. La *porte de Paris*, à l'autre extrémité de la ville, était au pied du château bâti par Louis le Gros sur la rive gauche de l'Essonne, où se trouvent actuellement les grands moulins. Enfin en tête du pont, sur la rive droite de la Seine, la *porte de Brie*, flanquée de deux tours, était gardée par un donjon avec cinq tourelles qui fut ruiné en 1590 et détruit en 1714 seulement. Le prévôt de la Barre dit que « ce chasteau estoit d'assez bonne deffense *au temps que l'on n'usoit point d'artillerie* (3) ». Or nous avons vu que, du moins la semaine précédente, au siège de la tour Guinette à Étampes, les réformés « menoient peu d'artillerie aveq

---

(1) A. Mallet, *Notes sur la Ferté-Alais*, extrait des *Mémoires de la Société des sciences morales, lettres et arts de Seine-et-Oise*, Versailles, 1879, p. 28. Cf. *Gallia Christ.*, t. XII, p. 243. — D'après M. Mallet (p. 29), Mathieu de Launay, le président des Seize, serait né à la Ferté-Alais. Le couvent de Villiers était près du château de Presles (commune de Cerny), propriété de la famille Carnot, où la veuve de l'ancien Président de la République est morte en septembre 1898.

(2) A. Dufour, *S. Spire à Ballancourt et à Corbeil* (*Bull. de la soc. hist. et archéol. de Corbeil*, 1895, I, p. 5).

(3) *Antiquitez*, etc. *de Corbeil*, p. 10. Cf. A. Dufour, *Le vieux château de Corbeil*, dans le *Bull.* de la Société hist. de Corbeil, 1896, p. 77-79, avec gravure représentant « le viel chasteau et partie du pont de Corbeil veu du costé de Seinemont »; cf. plan de Corbeil par Tassin, 1534, reproduit par le même, *ibid.*, p. 7.

eulx (1) », et, à la fin du mois, devant Paris, ils ont « deux canons, une coulevrine, quatre pièces de campagne, et non plus (2) ».

Quant aux faubourgs brûlés par les habitants (ou par les soldats qui venaient les défendre?) il s'agit soit des faubourgs Saint-Jacques, en aval, et Saint-Léonard, en amont, sur la rive droite par laquelle le sieur de Pavan arriva précisément, avec ses légionnaires de Champagne ; soit plutôt (car ces faubourgs-là n'avaient guère à craindre l'armée de Condé), des faubourgs de Saint-Nicolas, de Nagis, de Paris et des Bordes, fort peu importants, situés sur la rive gauche de la Seine, au sud et à l'ouest de la ville.

Le sieur de Pavan était un seigneur voisin de la Ferté-sous-Jouarre, qui se rendit bientôt (février 1563) célèbre par le pillage de plusieurs châteaux et le massacre des huguenots en Brie (3).

La Noue signale aussi d'autres renforts jetés en toute hâte dans la ville menacée : « Comme les catholiques virent qu'on prenoit ceste route [d'Étampes à Corbeil] ils y envoyèrent toute la nuict [du 15 au 16 novembre] le maistre de camp *Causseins*, avec son vieil régiment, et après le mareschal de S. André (4), qui firent bien conoistre aux Huguenots que la meilleure défense des places sont les bons hommes en nombre suffisant ». Cosseins, « un des plus résolus et fidelles chefs de ce temps (5) », devait être plus tard chargé par le roi de garder l'hôtel de Coligny, et participer au meurtre de l'amiral le jour de la Saint-Barthélemy (6).

Quant aux troupes placées sous les ordres de ces capitaines, il se mêlait à leurs instincts belliqueux, en venant au milieu des célèbres vignobles du bord de la Seine, certains sentiments dont un chroniqueur du temps nous a laissé la naïve expression : quand le roi et M. de Guise quittèrent le Hâvre pour secourir Corbeil et Paris, « tout le camp prit courage de se retirer *vers les bons vins*

---

(1) Ci-dessus, p. 34.

(2) *Hist. ecclés.*, VI, 196 (éd. Baum, t. II, p. 242).

(3) *Hist. ecclés.*, VII, 358 (éd. Baum, t. II, p. 448).

(4) Quand le maréchal arriva, la ville avait déjà reçu une première sommation (voy. ci-dessous).

(5) La Popelinière, II, 143 a.

(6) Comte Delaborde, *Coligny*, III, p. 473. Cosseins mourut en 1573 au siège de la Rochelle, « plein de désespoir et d'hurlemens, sans vouloir admettre aucune consolation ni esperance de salut, disant tout hautement en grinçant les dents, qu'il savoit bien que Dieu ne luy pardonneroit jamais » (*Hist. eccles.*, XVI, 480).

françois, étant tous hodés et lassés de boire le cidre de Normandie (1) ».

Depuis le commencement des hostilités, les portes de la ville étaient évidemment gardées avec un soin particulier, et l'on peut se faire une idée des moyens employés, d'après les ordres du roi au gouverneur et « aux maire, eschevins, manans et habitans de Corbeil » en 1568 dans des circonstances analogues (2) ainsi que d'après les mesures prises en cette année même 1562, à Tonnerre, contre les protestants assimilés à des vagabonds et voleurs de grand chemin (3): dès 1559 les portes ont des gardiens payés à l'année; pour 1562-1563 les comptes de la ville fournissent les renseignements suivants :

« *Le Recepveur a payé... treize livres douze sols pour les salaires et vaccations d'avoir fait le guet de jour à la lanterne du fort et chastel pour doubte de surprinse des voleurs et autres gens de la nouvelle relligion allans, venans, et roulans journellement à l'entour de ceste ville, mal vivans, rompans et gastans les ymaiges, croix, et faisans aultres crimes exécrables etc. et pour les nuictz des deux mois de février et de mars* ».

« *A N. N. la somme de trente deux sols pour une logette de bois sur la porte Saint Pierre, pour mettre à couvert ceux qui faisoient la sentinelle et garde de nuict pour garder l'eschelage et la surprinse des volleurs et gens de la nouvelle religion, amassés, allans et venans jour et nuict à l'entour de ceste ville et pres des murailles d'icelle, etc.* »

Tous ces « allans et venans », d'une ville à l'autre, d'une armée à l'autre, nous donnent une idée de ce qui se passa entre Corbeil, le Plessis-Chenet, et Ballancourt du 16 au 22 novembre 1562.

Delabarre (4) fait arriver dès le 13 novembre Condé « ès environs de Corbeil, sous l'asseurance que ceux de son party luy avoient donné de luy livrer la ville ». On ne trouve nulle part ailleurs trace du bien-fondé d'une imputation aussi grave. Rien ne fait prévoir un tel acte dans les négociations et plans divers que

---

(1) Cl. Haton, p. 305 ; cité par Desjardins, *les sentiments moraux au XVI⁰ s.*, p. 455.

(2) Lettres du roi Charles IX en date du 3 avril et du 31 juillet 1568, dans les mss. de la bibliothèque municipale de Corbeil.

(3) Challe, *le Calvinisme et la Ligue dans le dép. de l'Yonne*, Auxerre, 1863, tome I, p. 393, pièce justif. XVIII.

(4) *Antiquitez* etc., p. 245.

nous avons longuement analysés tout à l'heure ; rien ne confirme la réalité d'une telle intention dans toute la suite du siège, en particulier dans un épisode que Delabarre raconte aussi au début. Nous citerons l'auteur de l'*Histoire ecclésiastique* — peut-être ici Th. de Bèze, — en tout cas témoin plus rapproché des faits. D'après ce détail, insignifiant en lui-même, mais dénotant des informations de première main, il semblerait au contraire que les huguenots de Corbeil aient craint d'être livrés sans merci aux soldats de Condé et qu'il fût bien près de prendre (presque *malgré eux* et non *grâce à eux*) la ville :

« *La ville estant sommée, il s'y fit quelque petite escarmouche, en laquelle advint que quelques soldats sortis de la ville se rendirent au camp du Prince, l'advertissans qu'il y avoit des gens de bien de la Religion leans, qui le prioient d'estre espargnés, s'il entroit en la ville, en mettant un cordon rouge pendant aux fenestres pour remarquer leurs maisons, comme Raab fit en Jéricho* (1); *ce qui leur fut promis.*

« *Mais on ne fut en ceste peine, car bonnes et grandes forces furent aussi tost envoyées de Paris, tellement qu'il n'y avoit ordre ni esperance de forcer la ville* ».

La Noue ne parle pas de ces « gens de bien » protestants de Corbeil, ni de ces soldats venus (comme prisonniers?) au camp de Condé, mais il dit : « Ce n'estoyent que grosses escarmouches tous les jours (2) ».

Le premier combat, livré par des éclaireurs de l'armée de Condé qui paraissent avoir essayé de prendre la ville par surprise, eut lieu vers l'emplacement actuel de *la Quarantaine*:

« *Pour lors*, dit Delabarre, *il y avoit quantité de maisons autour de l'Eglise de S. Nicolas hors la ville; les Protestans s'approchèrent de ce costé-là et firent facilement retirer les soldats de Pavan, qui estoient sortis à l'escarmouche, d'autant qu'entre eux il y avoit des Reformez qui aydèrent a donner l'espouvante a leurs compagnons et s'attendoient de donner l'entrée libre aux ennemis; mais l'un des Eschevins qui se trouva à la porte, abbatit promptement le tapecul* (3), *qui fit visage de bois aux ennemis, et les arquebusiers qui estoient sur les murailles de*

---

(1) Josué, II, 18.
(2) *Discours*, p. 841.
(3) Bascule qui s'abaisse par un contre-poids, pour fermer l'entrée d'une barrière (Littré).

la ville les contraignirent de se retirer au gros de l'armée, qui se logea aux villages circonvoisins, sçavoir l'avant-garde à Essonne, la bataille à S. Fargeau, l'arrière-garde à Ballancourt. »

Il paraît plus naturel d'admettre, avec l'*Histoire ecclésiastique*, comme nous l'avons vu plus haut, que ce fut la *bataille*, venant d'Étampes, qui s'arrêta d'abord à Ballancourt, et un détachement, parti directement de là, ou de l'étape suivante, au-dessus du Plessis-Chenet, s'en alla, tournant le dos à Corbeil, occuper Saint-Fargeau, pour garder le passage de la Seine, en face Saint-Port (1) où aboutit, sur la rive droite, une route venant de Melun.

« *Il n'y eut village ni hameau sur le Gastinois qui ne fust remply de gens d'armes [de l'armée de Condé]. Dans Corbeil il y avoit la compagnie d'hommes d'armes du Duc de Lorraine, conduite par le sieur de Pavan, et à l'instant il y arriva des troupes de tous costez. Le régiment de Picardie fit si bonne diligence qu'il vint assez à temps pour sauver la ville du sac et pillage, et osta aux Protestans le moyen d'exécuter leurs desseins. La ville fut incontinent pourveue d'artillerie, armes et munitions de guerre, que l'on envoya de Paris, et le Mareschal de S. André y vint, et remplit la ville et les fauxbourgs d'infanterie françoise et estrangere; il logea la cavalerie par les villages de la Brie. Les ducs de Nevers, d'Aumale, de Gonor* (2) *et autres Seigneurs en quantité vindrent se loger dans la ville, qui fut si remplie de soldats, que la plus grande partie des habitans quittèrent leurs maisons et se retirèrent à Paris, Melun, et autres lieux plus esloignez du danger; car outre la guerre, ils furent affligez de la peste* (3) ».

L'infanterie étrangère dont il est question, c'étaient les Suisses, envoyés de Melun où commandait le maréchal de Saint-André. Il n'est pas certain qu'il soit venu en personne à Corbeil dès le début, comme le dit Delabarre, peut-être d'après La Noue. En effet, le 16 novembre (le jour même où le gros de l'armée campa aux environs de Corbeil) Chantonnay écrit (4) :

« *Le Mareschal de S. Andrey s'est retiré d'Estampes à Melun, pour guarder le pont de la rivière de Seyne; aussy ha-on mis gens dedans Corbeil, et donne ordre d'arrester toutes les barques et bateaulx de*

---

(1) Par une corruption récente, on dit aujourd'hui Seine-Port.
(2) Le sieur de Gonnor, déjà envoyé plusieurs fois par la reine-mère comme négociateur auprès de Condé, n'était pas duc.
(3) Delabarre, p. 245.
(4) *Mémoires de Condé*, II, p. 107.

passaige que sont sur ladicte riviere... Le Mareschal de S. Andrey ne peult bouger dudit Melun, tant pour guarder le passaige de là et de Corbeil, que pour ce qu'il est foyble, pour s'approcher des ennemys;... Les huguenotz saccaigent et destruyent toute. La suyte des Catholiques n'en faict pas moings... Il est arrivé 2500 suysses vers le Mareschal de S. Andrey. ...Le dict prince de Condey a faict sommer la Ville de Corbeil; et l'on a dépêché à diligence Monsr d'Aumalle pour s'aller mettre dedans, et il y ha nouvelles quil y est entré. »

En outre Agrippa d'Aubigné (1) nous apprend que « le régiment de Picardie, huit compagnies de gens d'armes, et la pluspart de la noblesse volontaire, furent donnez au mareschal pour défendre le passage de Corbeil *qui desja avoit esté sommé* ». La sommation étant du 17 novembre (2), l'arrivée des renforts serait du 18 au plus tôt.

De son côté, Condé avait sous ses ordres, outre ses plus anciennes troupes, trois mille cinq cents piétons, deux mille reîtres, en tout « sept à huit mille piétons et quatre mille chevaux (3) ». Le quartier général paraît être resté établi au sud de Corbeil, à la jonction des routes de la Ferté-Alais et de Milly, au Plessis-Chenet; du moins Condé date « *du Plessis*, le 21 novembre », une lettre au comte de Warwick, ministre de la reine Élisabeth. En voici quelques passages donnant des détails non seulement sur la situation générale au point de vue politique, mais sur le mauvais état et l'insécurité des routes à cette époque :

« *Monsieur le conte, ce m'a esté ung tres grand plaisir d'avoir entendu de voz nouvelles par la lettre que vous m'avez escripte du IVe de ce mois, et plus encore de la bonne affection en laquelle je vous retrouve disposé à vous employer en la querelle que maintenant je soustiens à l'encontre des* ENNEMYS DE L'EVANGILE, *usurpateurs de l'auctorité du Roy, mon seigneur, et* PERTURBATEURS DU REPOZ PUBLICQ, *de quoy je ne veulx oublier à vous en rendre le condigne remerciement que vous meritez. Je puis vous dire que si l'*INCOMMODITÉ DES PASSAIGES *nous ont jusques icy empesché de recevoir lettres l'un de l'autre, j'espere, maintenant que Dieu me faict la grâce d'estre* EN LA CAMPAIGNE ET A HUIT OU

---

(1) *Hist. univ.* III, XII, *in fine.*
(2) A. de Ruble, édition de l'*Hist. univ.* d'Aubigné, t. II, p. 101, n. 2.
(3) Lettre de Chantonnay, 26 nov. 1562 (*Mém. de Condé*, II, 111).

NEUF LIEUES DE PARIS, *si bien pourveoir à rendre les chemins faciles que les moiens nous seront aysez, etc.* (1) ».

Le 18 novembre parvint au camp protestant une grave nouvelle: le frère de Condé, Antoine de Bourbon, roi de Navarre, blessé au siège de Rouen, venait de mourir la veille. Le prince écrivit à Jeanne d'Albret, le 22 novembre, une lettre touchante datée « du camp devant Corbeil (2) ».

La reine-mère, reprenant sa politique de négociations, saisit aussitôt cette occasion pour envoyer de nouveaux émissaires au prince, lui représentant qu' « il devait prendre la place et l'autorité de son frère, à la conservation de l'estat ». « Au commencement le prince respondit qu'après la paix il sauroit bien prendre l'autorité de son frère, si ne pouvoit-il en aimer la place ni l'exemple, comme estant mort au service de ses ennemis ; — si est-ce [continue d'Aubigné], qu'il se laissa amuser et par là donna loisir de fortifier tous les fauxbourgs [de Paris] (3) ».

§ 4. — SUSPENSION D'ARMES (du 18 au 22 novembre).

La suspension d'armes accordée par Condé fut blâmée par plusieurs de ses conseillers et mécontenta ses troupes. Bèze, écrivant à Calvin, déplore de voir se reproduire devant Corbeil le même manque de décision que naguère à Étampes :

« *Quum urbs* [Corbeil] *repentino impetu facile capi posset, accepto nuntio de Navarreni obitu et missis a Regina internunciis, cœperunt nostri duces de pace et nostri principis dignitate nescio quibus rationibus obtinenda, somniare: militibus quidem frementibus et nobis reclamantibus; sed frustrà. Sic elapsi sunt dies quatuor, et optima omissa occasio, autore præsertim istius mali Genlio perfidiosissimo proditore* (4) ».

L'ambassadeur d'Angleterre estime de même que cette inaction devant Corbeil, permettant aux catholiques de renforcer la gar-

---

(1) *State paper office;* duc d'Aumale, *Hist. des princes de Condé*, I, pièces et docum. n° X, p. 388.

(2) *Mém. de Condé*, t. IV, p. 126. Ce fait prouve que Delabarre commet une erreur en disant (p. 247) : « le siège fut levé le vingt-unième novembre ».

(3) *Hist. univ.*, III, XII.

(4) Beza Calvino, 14 déc. *(Op. Calv.*, XIX, 600).

nison de cette ville et celle de Paris, sera funeste à Condé : « This delay will be to the Prince's disadvantage (1) ».

Le premier des émissaires ou négociateurs dont parle Bèze fut M. de Saint-Mesme, le premier écuyer de Catherine de Médicis (2).

« *La Royne envoya au Prince le sieur de Sainct Mesme, pour tousiours l'endormir, lui donnant à entendre qu'elle le vouloit recognoistre au mesme degré que tenoit au royaume le feu Roy de Navarre, et le priant, au reste, d'aviser des moyens les plus propres pour pacifier les troubles, pourveu que cependant on n'attentast rien contre la ville de Corbeil...*

« *Le prince accorda suspension d'armes, pourveu que le lendemain on luy apportast response sur les articles de paix qu'il mettoit en avant* (3) ».

Cette suspension d'armes, qui n'empêcha pas plusieurs petites escarmouches, dura en réalité jusqu'à la fin des négociations : quatre jours, du 18 au 22. Il faudrait donc considérer comme peu rigoureusement exactes les données chronologiques de Delabarre, qui fait arriver Condé lui-même « ès environs de Corbeil » le 13 novembre, et lever le siège (deux jours trop tôt) le 21 ; il dit d'ailleurs : « Cela (les négociations) fit passer *huit jours* inutilement devant Corbeil » (p. 245-247), et conteste qu'il y ait eu suspension d'armes formelle :

« *Le séjour des deux armées, l'une en Gastinois, l'autre en la Brie, fut cause que tout le territoire de la Chastellenie de Corbeil fut destruit et désolé, encores plus du costé du Gastinois, où il ne demeura aucun arbre fruitier debout, ny maison avec sa couverture ; et les moulins à papier, dont les ouvriers se disent suppôts du recteur de l'Université de Paris, furent renversez dans la rivière d'Estampes* (4).

« *Le mareschal de S. André, général de l'armée royalle qui estoit à Corbeil et ès environs, ne voulut accepter aucunes trêves, et les escarmouches ne cesserent point, et les canoniers de Corbeil faisant merveilles de tirer, tuerent et estropierent quantité de soldats, outre deux*

---

(1) Throckmorton to the Queen, 22 nov., n° 2, p. 485 (*Calendar of state papers*).
(2) Duc d'Aumale, *Hist. des princes de Condé*, I, 177. Il y a un village appelé Sainte-Mesme à l'ouest de Dourdan, place occupée à cette époque par les Guise.
(3) *Hist. ecclés.* VI, 193 (éd. Baum, II, 238).
(4) Il s'agit de la papeterie d'Essonnes, sur la rivière de même nom, qui est mentionnée dès 1340.

personnes de remarque, savoir Stuard *Escossois, et* Millant Dalaigre (sic), *ils furent tous deux atteins aux cuisses, mais ils furent si bien pensez qu'ils en eschapperent ; et le canonier qui les avoit blessez fut tué le mesme jour par un capitaine de la garnison qui estoit protestant en son âme et se faschoit du mal qui tomboit sur ses freres en Christ, tant les guerres civiles sont dangereuses* (1) ».

L'*Histoire ecclésiastique* rapporte quelques autres détails sur ces mêmes épisodes : Jacques Stuart « receut un coup le plus grand qu'homme receut jamais sans mourir, au dedans de la cuisse, dont toutesfois il guerit si bien que depuis mesmes il n'en clochoit point, Dieu le reservant pour d'autres affaires » (il tua le connétable de Montmorency à Saint-Denis en 1567 et périt la même année à Jarnac). Quant à Antoine de *Millaud*, l'un des frères de la maison d'*Alègre*, il « receut une arquebouzade dont il demeura longtemps depuis a guerir (2) ».

Cependant d'autres nouvelles arrivaient au camp. Le Parlement de Paris, toujours acharné contre les huguenots, venait de rendre coup sur coup, les 12, 13, 14, 16, 21 novembre, une série d'arrêts contre les chefs de l'armée réformée ; n'osant s'attaquer à Condé lui-même, il condamnait l'amiral Coligny, d'Andelot, etc., à avoir la tête tranchée en effigie. Quatre gentilshommes furent décapités. Un armurier nommé Joan fut pendu, « et sans estre estranglé jetté dans un feu par le peuple, duquel estant eschappé il fut assommé à coups d'espées et de halebardes, tellement qu'il mourut par la corde, par le feu et par le glaive (3) ».

D'Aubigné attribue à la colère qu'en ressentit Condé la levée du siège de Corbeil et la marche sur Paris ; l'*Histoire ecclésiastique* donne comme raison, beaucoup plus vraisemblable, la suite des négociations.

Le même ouvrage place ici, pendant la suspension d'armes dans les environs immédiats de Corbeil, les deux faits suivants : « Le prince ne se bougeoit, hormis que la ville de Dourdan et Montlehery se rendirent entre ses mains, ce qui servit pour la munition de son camp ». S'agirait-il d'une expédition décidée anté-

---

(1) Delabarre, p. 246.
(2) *Hist. ecclés.*, VI, 194 (éd. Baum, t. II, p. 239). Cf. *France prot.*, 2ᵉ éd., t. I, col. 125.
(3) *Hist. eccl.*, *loc. cit.*

rieurement contre ces deux bourgs, chacun défendu par un château fort ? En tout cas Condé, retenu par le deuil et les négociations devant Corbeil, n'y aura pas pris part. Montlhéry est à quatre lieues, mais Dourdan à plus de dix lieues de Corbeil : ces deux coups de main trouvent plus naturellement leur place, suivant un autre récit, dans la quinzaine précédente, après la prise d'Étampes (1).

« Ainsi le temps s'escoula jusques au 22 du mois, auquel le sieur de Gonor fut envoyé de Paris au Prince, pour derechef l'amuser, luy donnant à entendre que la Royne desiroit fort de le voir et communiquer avec luy des articles de la paix (2) ».

Le lendemain Chantonnay écrit (3) : « Le Prince de Condé commence à parler plus doulx, et parle en général qu'il fera tout ce que la Royne vouldra pour l'accord ».

En effet Gonnor réussit dans cette troisième mission (4), et, moitié pour intimider le Parlement, moitié pour négocier directement avec la reine, Condé, levant le siège de Corbeil, se mit en marche sur Paris.

Le Maréchal de Saint-André fit de même, laissant à Corbeil « trois compagnies de gens de pied, sçavoir celle de Bèze [un nom qu'on est fort surpris de trouver dans les rangs du parti catholique], qui n'y demeura que trois jours ; celles de Robin et de Souplain-

---

(1) Ci-dessus, p. 34.

(2) *Hist. ecclés.*, *loc. cit.*

(3) *Mém. de Condé*, II, 110 (23 nov.).

(4) Le 8 près d'Orléans, le 11 devant Étampes, et le 22 novembre devant Corbeil. Ci-dessus, p. 35. C'est ainsi qu'il faut combiner les divers textes. Cf. *Mém de Condé*, I, 83 : « En ce temps icy fust envoyé de la part du roy *par plusieurs fois* M. de Gonnor etc. » et Lettres de Chantonnay, 16 nov. *(Mém. de Condé*, p. 107) : « Mr de Gonor ha esté envoyé de par la Royne mere vers ledict Prince, *despuis quelques jours en ça*, pour reguarder s'il y auroit moyen de l'adoulcir, mais il tient toujours ferme » ; voir aussi deux lettres de Catherine de Médicis à Gonnor, des 7 et 10 nov. (*Lettres* de Cath. de M., t. I, p. 432), et une lettre de Coligny à Gonnor (*Mém. de Condé*, t. IV, p. 55). M. de Ruble (édition de l'*Hist. univ.* d'Aubigné, t. II. p. 100, n. 2) écrit : « De Thou dit que Gonnor était auprès du prince de Condé le 22 novembre (liv. 33). Il devait y être avant cette date, car on conserve dans le vol. 24 des Vc de Colbert un passeport donné par le prince à cet ambassadeur sous la date du 8 ». Or le 8 est bien le jour où Condé sortit d'Orléans pour aller à la rencontre des triumvirs jusqu'à Pithiviers (*Hist. ecclés.*, VI, 191) : « Le sieur de Gonor vint en l'armée de la part de la Royne... *Le prince le renvoya* ».

ville qui s'y arrestèrent jusques au dixiesme jour de décembre (1) ».

Une dizaine de jours avaient suffi pour que le séjour de deux armées assez considérables ruinât complètement le pays. C'était malheureusement alors la règle générale. « L'armée la mieux disciplinée a de dures exigences, car il n'y a pas toujours de mauvais dessein chez les gens de guerre; le *Jeune Aventureux* et ses hommes ne vouloient faire nul mal au pays, fors seulement vivre ». Mais il en coûte cher au peuple, « qu'il faut manger en dépit qu'on en ait (2) ».

« *Corbeil et son territoire demeura vuide de tous biens, qui avoient esté consommez par une si grande multitude de soldats, dont il y en eut plusieurs atteints de peste; entre autres* MANDOCE (3) *colonnel des Suisses, et* LABOISSIÈRE *maistre de Camp, s'en allèrent à Paris remplir les cymetieres* (4) ».

§ 5. — DE LA LEVÉE DU SIÈGE DE CORBEIL A LA PAIX D'AMBOISE.

Pendant trois lieues Condé et Saint-André longèrent chacun une rive de la Seine, l'un passant par Évry et Ris, l'autre par Soisy et Champrosay. « Les deux armées, dit Delabarre, se pouvoient facilement voir les unes les autres, estant estendues et marchans sur les bords de la rivière qui les separoit et empeschoit de venir aux mains ». Cependant, s'il ne pouvoit y avoir de lutte corps à corps, la largeur de la rivière (une centaine de mètres) n'empêchait pas les « coups d'arquebouzades, avec mille outrages prononcés des uns et des autres (5) ». L'ambassadeur d'Espagne écrit: « Il y a tous les jours fortz escarmouches esquelles les adversaires reçoipvent pertes ordinaires et notables » (6).

« *Ainsi arriva le Prince à Juvisy le 24 dudit mois, là où derechef un gentilhomme le vint trouver de la part de la Royne, luy remonstrant le danger où il se mettoit, à quoy le Prince n'ayant respondu autre chose, sinon que tel menaçoit qui avoit grand peur, vint loger le 25 en*

---

(1) Delabarre, p. 247.
(2) Desjardins, *les Sentiments moraux au XVIe siècle*, p. 458. La citation est de Fleurange, ch. XXXII.
(3) Mendoza ?
(4) Delabarre, *loc. cit.*
(5) *Hist. ecclés.*, VI, 195.
(6) Chantonnay, 26 nov. (*Mém. de Condé*, II, 110).

une abbaye de femmes, dite la Saussaye, a deux petites lieues de Paris (1) ; *ce monastere fut trouvé tout vuide de Nonnains, mais non pas de plusieurs tesmoignages qu'elles gardoient tres mal leur vœu de chasteté, s'y estans trouvées de reste plusieurs letres pleines de propos lascifs et du tout impudiques* (2) ».

Le prince étant dès lors sorti de notre région, nous ne le suivrons pas dans le détail de l'entrevue qu'il eut, quoique souffrant d'une « foiblesse de cœur », avec le connétable au Port-à-l'Anglais, tandis que l'amiral allait voir la reine sur la rive droite. Malgré l'effroi des Parisiens, Condé ne donna pas l'assaut à la capitale ; il perdit quinze jours en petits combats devant les murs mêmes, et en négociations où la question des lieux à accorder aux réformés pour l'exercice du culte public fut souvent la pierre d'achoppement, jusqu'au jour où, lassé, il se remit en marche vers la Normandie.

Le 10 décembre il est à Palaiseau, le 11 à Limours, le 13 à Saint-Arnoult au nord de la forêt de Dourdan. « *Les portes furent refusees, à la solicitation de quelques prestres; mais le bourg fut tantost forcé par escalade, avec le meurtre de ceux qui se trouvèrent les premiers en rue. La grosse artillerie du Prince, a savoir deux canons et une coulevrine, estoit fort mal attelée et mal assistée de pionniers, ce qui arrestoit souvent le camp, et fut cause qu'on sejourna deux jours à S. Arnoul, tant pour l'attendre que pour la charger sur des chariots à quatre roues. Cependant le camp du Triumvirat, sorti de Paris et costoyant le Prince, approcha d'Estempes, comme s'il l'eust voulu assiéger ; et parce qu'elle n'estoit tenable, la garnison fut toute preste de sortir, mais elle se rasseura puis apres, ayans les ennemis tourné à costé* (3) ».

C'est vers cette époque que les compagnies de gens de pied de Robin et Souplainville, laissées à Corbeil trois semaines auparavant, rejoignirent l'armée royale (4).

« Au camp de Saint Arnoul » Condé reçut la réponse de la reine Élisabeth à sa lettre (du Plessis près Corbeil) du 21 novembre ; il écrit, le 16 décembre, qu'il a tout essayé pour « mettre une bonne,

---

(1) La grand'route s'écartant de la Seine à partir de Châtillon pour aller droit de Juvisy sur Bicêtre et Paris, passe aujourd'hui encore à la ferme de la Saussaye, commune de Chevilly, près de Villejuif (Seine).

(2) *Hist. ecclés.*, VI, 195.

(3) *Hist. ecclés.*, VI, 226 (éd. Baum, t. II, p. 276).

(4) Delabarre, *Antiquitez de Corbeil*, p. 247.

Biblioth. du protestantisme français.   Dessin de Becourt, d'après Clouet.

ferme et seure paix en ce royaume et l'exempter des calamitez dont il est affligé, n'ayant demandé autre chose que la liberté des consciences avec la conservation de l'honneur et la seureté des biens et personnes de ceux qui se sont employez en ceste cause (1) ».

Le moment décisif de toute cette campagne de 1562 était arrivé: on sait comment, à la bataille de Dreux, les chefs des deux armées, Condé et le connétable, furent faits prisonniers. Le maréchal de Saint-André fut tué, mais, malgré des pertes considérables de part et d'autre, l'avantage resta aux catholiques (19 décembre). Coligny se replia sur la Beauce, où il prit, le 23, la petite ville forte du Puiset près de Janville (2), et fit célébrer la sainte Cène à Patay le jour de Noël, puis alla en Sologne.

Le sieur de *Duras*, Symphorien de Durfort, colonel des légionnaires de la Guyenne, avait été envoyé à Étampes par Condé lorsque l'armée des triumvirs avait une première fois paru menacer cette place. Il n'avait que trois compagnies de gens de pied (3). Le duc de Guise poursuivait Coligny et sa cavalerie, mais de loin, « ayant grande quantité d'artillerie, et son armée estant composée de gens de pied (4) ». Lorsqu'il approcha d'Étampes, Duras, jugeant le combat trop inégal, se retira dans Orléans, et la Beauce fut tout entière au pouvoir des troupes de Guise (janvier 1563).

Après la mort du duc devant Orléans, le mois suivant, la reine reprit les négociations avec Condé, las de trois mois de captivité. Ainsi soustrait à l'influence austère de Coligny, de Bèze et des autres chefs et pasteurs réformés, « il respirait déjà, dit Mézeray, le doux air de la cour et des plaisirs des dames ». Beaucoup de gentilhommes l'engagèrent à ne pas exiger que l'édit de janvier 1562 fût rétabli dans tous ses articles, et l'empêchèrent d'écouter les remontrances des ministres, demandant un libre et sûr exercice de la religion, soit dans les lieux où il existait avant la guerre, soit dans ceux où il serait réclamé par les habitants (5).

(1) Duc d'Aumale, *Hist. aes princes de Condé*, t. I, pièces, p. 393. Comte Delaborde, *Coligny*, II, p. 167.
(2) *Hist. ecclés.*, VI, 246. Castelnau, *Mém.*, I, 131.
(3) *Hist. ecclés.*, VI, 249: d'après le passage précédemment cité (vi, 226), Duras n'avait amené d'abord que « deux enseignes de gascons ». Cf. *France prot.*, 2ᵉ éd., t. V, col. 1037.
(4) Castelnau, *loc. cit.*
(5) *Hist. eccles.*, VI, 281. De Thou, III, 404.

L'édit de pacification publié à Amboise le 19 mars n'accorda le libre exercice de la religion que dans les villes au pouvoir des réformés le 7 mars. Les seigneurs hauts justiciers pourront « vivre en leurs maisons en liberté de leurs consciences et exercice de la Religion qu'ils disent réformée, *aveque leur famille et sujets* », mais les autres gentilshommes n'ont le droit de faire célébrer le culte à certaines conditions, que « pour eux et leurs familles tant seulement ». En dehors de là il pourra y avoir, dans chaque baillage, « à la requeste desdits de la Religion, une ville aux fauxbourgs de laquelle l'exercice de ladite Religion se pourra faire de tous ceux du ressort qui y voudront aller, et non autrement ni ailleurs ».

« Certes, dit un historien, il y avait loin des articles d'Amboise à l'édit de janvier. Au lieu d'un droit général, on n'accordait plus à la masse des réformés que la tolérance du for intérieur et du foyer domestique. Les nobles seuls, et les fidèles qui habitaient aux environs d'une ville de baillage, pouvaient encore tenir des assemblées. C'était parquer les disciples de la Réforme comme des pestiférés dans un lazaret (1) ».

« C'est trop grand pitié, s'écria Coligny, de limiter ainsy certains lieux pour servir à Dieu, comme s'il ne vouloit estre servy en tous endroits... On a plus ruiné d'églises par ce trait de plume [« une ville par baillage »], que toutes les forces ennemies n'en eussent peu abattre en dix ans (2) ».

Malgré cette protestation, les choses restèrent ainsi arrêtées, et sur le « rolle des villes aux faulxbourgs desquelles l'exercice de la nouvelle Religion a esté ordonné » ne figurent, pour les environs de Paris, que *Dourdan* et *Janville* (3).

L'exercice du culte public, que les protestants de Corbeil auraient pu continuer à célébrer régulièrement si l'édit de janvier eût été maintenu, était donc supprimé.

CONCLUSION

Tels sont les renseignements épars que nous avons pu rassembler sur cette première église protestante existant à Corbeil en 1562, sur les origines de la Réforme aux environs de Corbeil et d'Étampes,

(1) G. de Félice, *Hist. des protestants de France*, p. 171.
(2) Comte Delaborde, *Coligny*, t. II, p. 251.
(3) *Mémoires de Condé*, t. IV, p. 336.

sur la campagne du prince de Condé. Grâce à d'autres documents nous essaierons peut-être un jour de faire connaître un assez grand nombre de protestants, dont plusieurs personnages illustres de l'histoire de France, qui ont vécu dans les villes et les châteaux de notre région au XVIe siècle, en particulier lorsque, après l'édit de Nantes, le culte public put être célébré à Grigny, puis à Ablon, en 1599.

Mais il n'y a plus eu à Corbeil d'assemblée régulière, d'Église organisée et autorisée, pendant plus de deux siècles, jusqu'au moment où le grand manufacturier Oberkampf ayant créé la filature d'Essonnes, le culte fut d'abord célébré, au commencement du XIXe siècle, dans ses salons de Chantemerle; puis, vers 1838, M. Louis Feray, gendre d'Oberkampf, fit, avec les autres protestants de Corbeil, aménager une salle dans le faubourg Saint-Léonard. En 1851, grâce à l'initiative de M. Ernest Feray, plus tard sénateur de Seine-et-Oise, un premier temple fut construit; les travaux d'agrandissement de la gare ayant entraîné sa démolition, il fut remplacé en 1862 par l'édifice actuel. Ces divers lieux de culte ont été desservis par les pasteurs de Paris et de Versailles, jusqu'au jour où, en 1895, un pasteur a été placé en résidence à Corbeil. Il n'y en avait plus eu depuis 1562, lorsque l'ancien procureur Quentin prêchait devant le prévôt Berger et quelques « gens de bien », bourgeois et soldats. Dieu soit loué de ce que, depuis lors, bien des choses ont changé, en sorte qu'aujourd'hui tous les chrétiens de France, respectant la liberté de conscience du prochain, peuvent manifester leurs convictions religieuses en toute liberté.

JACQUES PANNIER,
pasteur de l'Église réformée de Corbeil.

INDEX

DES NOMS DE LIEUX

	Pages
Ablis	18
Ablon	51
Ailly	21
Amboise	19, 50
Angerville	29
Argenteuil	16, 22
Armancourt	19
Arpajon	29, 34, 35
Artenay	30
Bacharach	32
Bagneux	16
Ballancourt	2, 36, 37, 39, 41
Baulne	37
Beauce	1, 11, 12, 13, 18, 31, 48
Beauvais (Oise)	4
Beauvais-Nangis	13n
Beauvilliers	18
Berville	14
Bicêtre	47
Blois	16
Boissy-le-Cutté	37
Bourg-la-Reine	35
Brichanteau	13n
Brie	1, 15, 38, 44, 46
Cerny	39n
Châlons	5
Champcueil	13n
Champagne	38
Champrosay	47
Chantemerle	51
Charenton	2
Chauffour	34, 35
Chastres (voy. Arpajon)	
Chevilly	48n
Châtillon	32
Chilly	5, 19, 20, 21, 32, 33n

	Pages
Claye	10
Corbeil	1, 3, 15, 16, 23 à 47, 50
Courcy	22
Cravant	32
Dourdan	31, 34, 45, 48, 50
Dreux	49
Écrosnes	11n
Escresnes	20
Essonnes	28, 36, 41, 51
Étampes	1, 18, 24, 33, 36n, 41, 48
Étréchy	34, 36
Évry	47
Fayet	19, 22
Ferrare	17
Ferté-Alais	31, 35, 37, 42
Ferté-sous-Jouarre	38
Fontainebleau	28, 29n
Gallardon	18
Garennes	14
Gâtinais	12, 14, 41, 44
Genève	7, 8, 9, 12
Grigny	51
Hurepoix	1, 14, 15
Ile de France	1, 21, 27
Janville	49, 50
Jonvilliers	11
Juvisy	47
Limours	48
Linière	13n

	Pages		Pages
Longjumeau,	4, 6, 8, 20, 22, 30, 32, 33, 35	Rocquencourt	12[n]
Lorris	12	Roussay	34
		Sains	21
Marly-la-Ville	10	Saint-Arnoult	48
May	7	Saint-Benoit-sur-Loire	26
Meaux	1, 10, 14, 17, 25, 28, 29	Saint-Cloud	29
Melun,	2, 16, 17, 25, 30 31, 41, 42	Saint-Denis	16, 35, 47
Mennecy	36	Saint-Fargeau	41
Mesnil-Racoin	36	Saint-Gervais-en-Vexin	12[n]
Messis	39	Saint-Martin-de-Nigelles	13[n]
Milly	18, 37, 42	Saint-Port	41
Montargis	12, 17, 24, 32	Sainte-Mesme	44[n]
Montgeron	9	Saussay (le)	37
Montlhéry	12, 29, 30, 45	Saussaye (la)	48
Montmorency	15	Soisy-sous-Etiolles	47
Montrouge	35	Strasbourg	14
		Surènes	21
Nemours	18		
Neuchâtel	16	Thiérache	1
Normandie	31, 38	Tonnerre	32, 38
		Toury	29, 30
Orléans	2, 4, 8, 15, 27, 32		
Orsay	22	Varennes	10
		Vassy	26, 28
Palaiseau	29, 48	Versailles	51
Palluau	2, 37	Verville	37
Paris	1, 5, 7, 21, 27, 30, 31, 35, 43	Vézelay	4, 6
Patay	48	Villejuif	48[n]
Picardie	28, 36	Villeneuve [Saint-Georges ?]	11
Pithiviers	36[n], 46[n]	Villereau	23
Plessis-Chenet (le)	36, 37, 39, 41, 42, 48	Villeroy	24[n], 36
Poissy	21, 24	Villeselve	4, 6, 8
Pontoise	12[n]	Villiers-la-Joie	37
Port-à-l'Anglais	48	Villiers-sur-Marne	9
Presles	37	Vincennes	30, 36
Puiset (le)	49		
		Yerres	9, 10
Raucourt	20	Yverdon	5
Ris	47	Yvette	16

INDEX

DES NOMS DE PERSONNES

	Pages
Alègre	45
Andelot	31, 33, 45
Angoulême (Souveraine d')	19
Anjorrant	10, 12
Antoine de Bourbon	28, 43, 45
Aubigné	42, 47
Aumale (duc d')	41
Barat	18
Barbançon	22
Barré	26
Bavois	12
Berger	24
Bernier	12
Bèze (Audibert de)	4
Bèze (Nicolas de)	4
Bèze (Théodore de)	4-8, 20-21, 27, 40, 43, 45
Bèze (catholique)	46
Boucher	22
Bourbier	8
Brichanteau (M. de)	13
Brichanteau (Pierre)	14
Brosses (Jean de)	23-30
Budé (divers)	9-11, 18
Calvin	3, 9, 15, 45
Cappel	9[n]
Catherine de Médicis	21, 28, 36, 45
Chabouillé	23
Chantonnay	34[n], 41, 48
Charles IX	24
Charpentier	2
Coligny	21, 30, 47, 48, 49
Condé	21, 27, 28, 30, 36, 39, 40 48
Cossé (voy. Gonnor)	
Cosseins	36, 38
Croyer	25

	Pages
David	23
Delabarre	24, 43 et passim
Denosse	9
Desfacher	18
Dumoulin	18
Duras	49
Durfort	49
Effiat	33[n]
Etampes (duc d')	22, 30
Etampes (duchesse d')	22
Feray	51
Fleurange	47
Formyer	12
François Ier	2, 30
Gaillard	19 à 22, 32
Gonnor	33, 39, 41, 48
Guise	28, 48
Hénoc	12
Hotman	22
Jacqueson	5
Jeanne d'Albret	22, 43
Joan	45
Jouan (M. et J. de)	11
Laboissière	47
Lafontaine	12[n]
Lebailleur	18
Le Berger	24
Leclerc (Jean)	1
Leclerc (Mathias)	12[n]
Leclerc (Pierre)	25
Lefèvre d'Etaples	1

	Pages		Pages
Le Lieur	9	Renard	19
Le Noyer	12	Renée de France	12, 17
Lespine	18	Robin	46, 48
Lisieux (Jean de)	22	Rohan	22
Louise de Savoie	2	Rossignol	23
Luther	1	Rousseau	3, 12
		Ruzé	33[n]
Maillard (Jean)	18		
Malingre	16	Sains (Louis de)	21
Mandoce	47	Saint-André	30, 33, 38, 41, 49
Mangin	16	Sainte-Croix	21
Marillac	17	Saint-Martin (ministre)	19
Marot	3, 16	Saint-Martin	13
Miège	13	Saint-Mesme	44
Millaut	45	Sauvage	8
Montmorency	47	Souplainville	46, 48
		Stuart	45
Nevers (duc de)	41		
		Tanchou	32
		Thiébaud de May (Bèze)	6[n], 7
Oberkampt	51	Throckmorton	30
Olivétan	3	Trie (Guillaume de)	10
		Truquet	18
Pasquier	5[n]		
Pavan	36, 38, 41	Virel	18
Quentin	25	Wolmar	4, 6[n]

PUBLICATIONS

DE LA SOCIÉTÉ HISTORIQUE ET ARCHÉOLOGIQUE DE CORBEIL, D'ÉTAMPES ET DU HUREPOIX

Année 1895. — Livraisons i et ii.
Année 1896. — Livraisons i et ii.
Année 1897. — Livraisons i et ii.
Année 1898. — Livraisons i et ii.
Année 1899. — Livraisons i et ii.

MÉMOIRES ET DOCUMENTS

1897

I. L'Eglise de Saint-Germain-lez-Corbeil, par L. Vollant, monographie accompagnée de 24 héliogravures de Dujardin.

1900

I. La Délégation des Ambulances volontaires à Corbeil pendant la guerre Franco-Allemande 1870-1871. — Ouvrage traduit de l'allemand, avec introduction par A. Dufour.

II. Études historiques sur la Réforme à Corbeil et aux environs au XVIe siècle, par J. Pannier.

MONTDIDIER. — IMPRIMERIE BELLIN

www.ingramcontent.com/pod-product-compliance
Lightning Source LLC
LaVergne TN
LVHW020040090426
835510LV00039B/1309